附中文丛

· 基于综合实践活动的生涯教育系列丛书
· 重庆市普通高中生物学课程创新基地、北碚区普通高中生物课程创新基地成果
· 重庆市教育委员会批准精品选修课程《“三生”自然教育》成果
· 重庆市教育学会第十届基础教育科研立项课题（XH2021B361）成果
· 重庆市首批中小学“支点”创新实验室成果

生物之问 质疑之美

总主编◎欧 健 张 勇

本册主编◎刘晓蕾 何 凤

西南大学出版社

SWUP 国家一级出版社 全国百佳图书出版单位

图书在版编目(CIP)数据

生物之问　质疑之美 / 刘晓蕾，何凤主编. -- 重庆：西南大学出版社，2024. 8. -- (附中文丛). -- ISBN 978-7-5697-2464-6

Ⅰ. G634.913

中国国家版本馆 CIP 数据核字第 20241W4F10 号

生物之问　质疑之美

SHENGWU ZHI WEN ZHIYI ZHI MEI

主编　刘晓蕾　何　凤

责任编辑：钟孝钢

责任校对：郑祖艺

装帧设计：闰江文化

排　　版：杜霖森

出版发行：西南大学出版社（原西南师范大学出版社）

地址：重庆市北碚区天生路 2 号

邮编：400715

印　　刷：重庆亘鑫印务有限公司

成品尺寸：185 mm×260 mm

印　　张：9.25

字　　数：176 千字

版　　次：2024 年 8 月　第 1 版

印　　次：2024 年 8 月　第 1 次印刷

书　　号：ISBN 978-7-5697-2464-6

定　　价：28.80 元

总序一

新高考改革，出发点就是让学生拥有自主选择、自我负责的学习权。此种导向要求中学进行育人方式的变革，为学生开设生涯教育的课程，给予学生人生规划的指导，引导学生认知自己，明确自己的兴趣、性格、优势、价值取向，让学生以此为基础认识外界，更好地为自己设立生涯目标，并根据已拥有的资源实现目标。“基于综合实践活动的生涯教育”系列丛书，正是西南大学附属中学先于国家政策试点，通过不懈的实践探索，收获的基于综合实践活动推进生涯教育的特色研究成果。

如何通过生涯规划课程引导学生学会自主选择，这一重要议题为我国教育改革与发展开拓了一个新的领域。“基于综合实践活动的生涯教育”系列丛书，从实践的角度架构了基于综合实践活动的生涯教育的基本框架，为服务于学生发展的育人模式的构建、学校教育品质的提升和学校实践改革的推进提供了重要启示，具有开拓意义。

第一，该套丛书的目标定位和内容选择，是以“帮助学生找到人生方向”为根本宗旨，贯穿初高中，培养个体人生规划意识与技能，指导学生学会学习、学会选择，在充分认识自我和理解社会的基础上，平衡个人发展和社会发展的需求，初步设计合理的人生发展路径，促进个体生涯发展，提升生涯素养。

第二，丛书的设计与安排，坚守“学生是学习与发展的主体”这一根本理念，初高中分阶段相互衔接，进行一体化设计；通过活动为学生搭建主动选择的平台，以研究性学习、社区服务、社会实践、研学旅行、设计制作、职业体验等综合实践活动为载体，引导学生在活动中明确人生奋斗目标并激发生涯学习动力，并不是简单地为学生提供品类繁多的“超市商品”让学生选择。

第三，学校还开发了《传统武术奠基康勇人生》《食育与健康生活》《生物实践与创意生活》《数学视角看生活经济》《水科技与可持续发展》《乡土地理和家国情怀》等配套丛书，结合校内外的学习实践和生活实践，将基于综合实践活动的生涯教育理论渗透到学科课程中，为学生生涯发展提供重要教育平台和资源，弥补学生社会经历缺乏、生活经验不足、实践体验机会太少等生涯教育短板，促进生涯教育过程性和动态性发展。主体丛书和辅助丛书相辅相助，将生涯教育和综合实践活动有效融合，让学生在沉浸式的体验中感知自己、认知职业、畅想未来。

第四，丛书贴近学生，语言平实生动，联系初高中生活学习实际，通俗易懂；图文并茂，既有趣味的活动设计，又有学生实践的光影记录，观之可亲。学生可从课堂内的探索活动、课堂外的校本实践中深刻体验生涯力量，还可在教师的引导下从活动链接中习得生涯领域的重要概念及理论，为未来的生涯发展做好积累。

总体而言，整套丛书以综合实践活动为基础，融入学科课程和劳动教育，以提升学生生涯规划能力为目的，不断强化适合生涯发展的认知能力、合作能力、创新能力、职业能力，力图帮助学生适应并服务于社会，获得终身学习、终身幸福的能力。

教书育人在细微处，学生成长在实践中。本套丛书的出版，将丰富生涯教育的承载形式，为中小学开展并落实基于综合实践活动的生涯教育提供可借鉴的案例，有效加强中学生生涯教育，促进学生全面发展、终身发展和个性发展。希望广大学生也可以像西南大学附属中学学生一样，在最适合的时候遇到最美的自己，希望更多的学校像西南大学附属中学一样为学生一生的生涯幸福奠基，让他们成长为自己满意的样子。

裴娣娜

（北京师范大学资深教授，博士生导师，当代教育名家，
中国课程与教学论领军人物，全国教学论专业委员会主任）

总序二

寒来暑往，西南大学附属中学在生涯教育这片热土上已躬耕二十余年。多年实践让我们相信，学校的课程、活动、校本教研都应回到问题的原点：什么是教育？

教育，是将自然人培养成社会人的过程，是帮助每一个孩子认识自己、发现自己，让他既能成长为自己心中最美的样子，又能符合国家、社会对人才的需求。

因此，我们希望实现这样一种生涯教育：让学生有智慧地参与综合实践活动，从活动中生发智慧；让学生有德性地参与综合实践活动，在活动中完善德性；让学生带着对美的追求参与到活动中，在活动中提升创造美的能力。一个拥有智慧与德性，能够欣赏美、创造美的个体，定然能够在瞬息万变的世界里立定脚跟，也能够在喧喧嚷嚷中细心呵护一枝蔷薇。

秉持这样的理念，我们编写了“基于综合实践活动的生涯教育”系列丛书，着力帮助学生更好地适应未来不同阶段的身份、角色。希望学习此书的孩子们，不必因为不懂自己、不明环境、不会选择而错失遇见最美自己的机会。请打开这些书，热情地投入到探索活动中，感知自己的心跳起伏，喜恶悲欣；细细品读每个生涯故事，观察他人的生活，触碰更多可能；更要在校本实践中交流碰撞，磨砺成长……这些书将是孩子们生涯成长路上的小伙伴，陪在身旁，给予力量。希望大家从此学会学习，学会选择，学会生活。

基于综合实践活动的生涯教育是为幸福人生奠基的教育。我相信，当每一个个体恰如其分地成长为自己所喜欢的样子，拥有人生幸福的能力，就同样能为他人带来幸福，为社会创造福祉，为国家幸福而不断奋斗！

欧健

（教育博士，正高级教师，西南大学附属中学校党委书记）

前言

在生物课堂上，同学们有很多奇思妙想，提出了许多有趣的问题："向日葵为什么总是向着太阳？""花生的果实为什么长在土里？""所有的鸡蛋都可以孵化出小鸡吗？""啄木鸟是'森林医生'还是'森林杀手'？""什么是'熊猫血？'""蚊子会选人叮咬吗？为什么有些人很容易被蚊子叮咬？这跟血型有关吗？"我们收集了同学们平时提出的这些问题，结合生涯教育的大背景，查阅了大量的资料和文献，通过图文并茂的方式科学地解答了这些问题。

本书将这些问题进行了归类，分为四个模块：第一个模块是植物篇，既有普遍存在于植物界的颜色问题，又有特定植物的特殊属性问题；第二个模块是动物篇，有困扰学生很久的关于"鱼的记忆"的问题，也有令学生困惑的海狮、海豹如何区分的问题；第三个模块是生理篇，帮助学生更好地认识自己的生理活动；第四个模块是其他篇，既有微生物世界的问题，又有生态、遗传等方面的问题。

学校非常重视同学们的终身发展，致力于同学们的生涯教育。生涯教育是帮助同学们在正确认识自我的基础上自主规划人生的教育。同学们长大后，可能从事各种不同的职业，每种职业除了需要专业技能之外，还需要一定的关键能力。2017年，在中共中央办公厅、国务院办公厅印发的《关于深化教育体制机制改革的意见》中，明确提出"要注重培养支撑终身发展、适应时代要求的关键能力。在培养学生基础知识和基本技能的过程中，强化学生关键能力培养"，并进一步指出要培养四种关键能力，即认知能力、合作能力、创新能力、职业能力。

初高中阶段正是同学们探索未知世界兴趣浓、愿望强的时候，在此阶段广泛涉猎各种知识，增加阅读量，培养提出问题、解决问题的能力，从中探索职业兴趣，其教育效果是显而易见的。学校非常重视同学们的全面发展和关键能力的培养，在此基础上编写了这本《生物之问 质疑之美》。本书既可以解答同学们的一些日常疑问，帮同学们更加深入地认识生命世界，又能帮助同学们提升发现问题、解决问题的能力，为其终身发展及职业生涯奠基。

编写组

2024年5月

目录

CONTENTS

动物篇 ……033

生理篇 ……067

植物篇

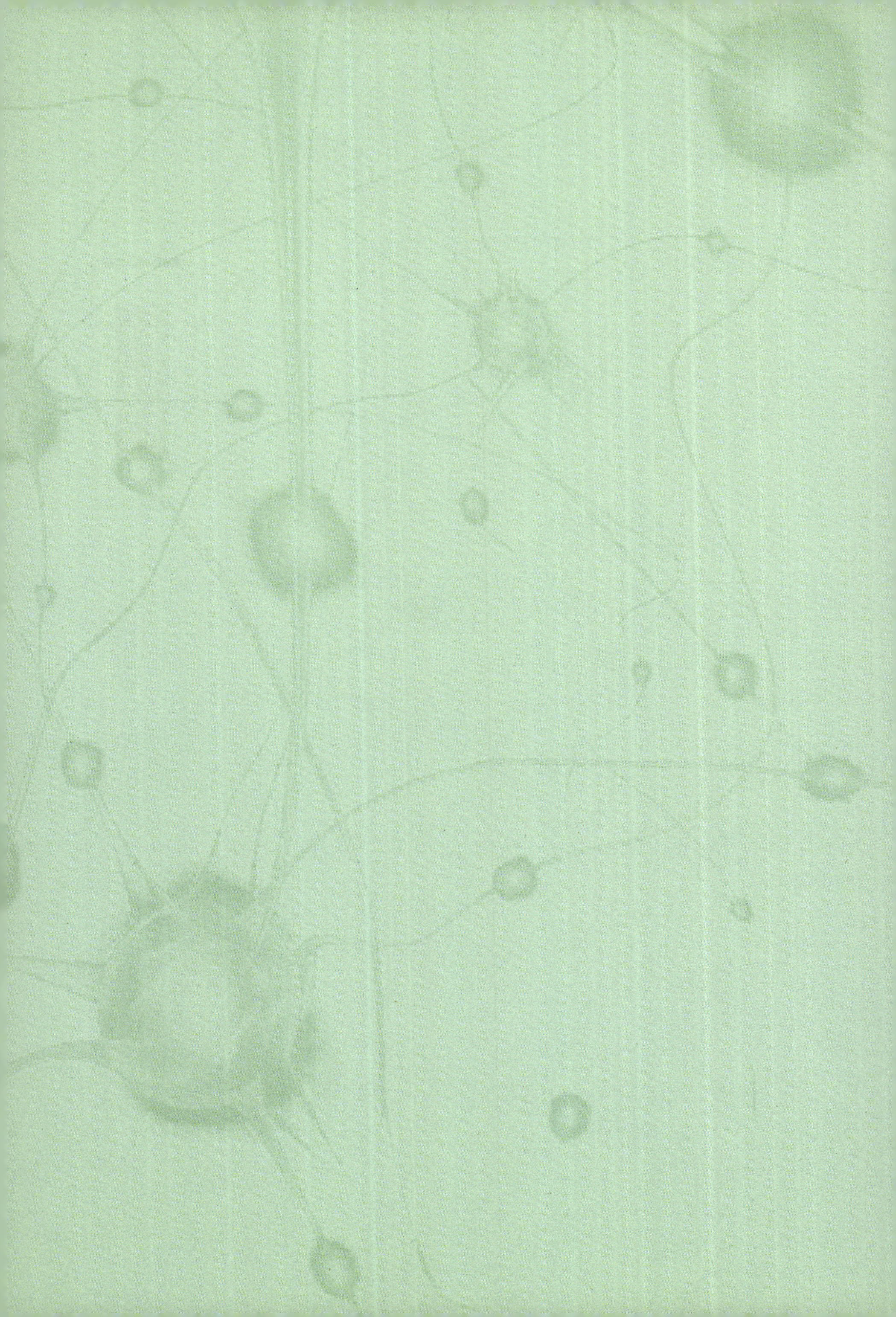

为什么植物的叶子大多是绿色的?

植物的叶子,作为植物体进行光合作用的主要器官,其功能的发挥离不开叶绿素的协助。叶绿素,主要包含叶绿素a和叶绿素b两大类别,它们各自具有独特的颜色:叶绿素a通常呈现蓝绿色,而叶绿素b则呈现黄绿色。这两种叶绿素不仅赋予了叶片独特的颜色,更在光合作用中扮演了至关重要的角色。

在光合作用中,叶绿素的主要职责是捕获、传递和转化光能。当阳光照射到叶片上时,叶绿素分子吸收光能,导致其中的电子被激发。绝大多数的叶绿素a和叶绿素b分子都参与这一过程,它们收集和传递能量,这是确保能量能够高效流向光合作用的关键步骤。

更为特别的是,一部分叶绿素a分子拥有将光能转化为化学能的神奇能力。这些处于特殊状态的叶绿素a分子就是光合作用中的能量转换器,它们将光能转化为植物可以利用的化学能,如ATP(三磷酸腺苷)和NADPH(还原型辅酶Ⅱ)。这些能量物质随后将参与光合作用的暗反应阶段,为植物的生长和发育提供源源不断的动力。

至于叶子为何在我们眼中呈现绿色,这主要是因为叶绿素对光的特定吸收和反射特性。太阳光中包含不同波长的光,其中,只有波长在390—760纳米的光是可见光。

▶ 图1 可见光谱

而在这些可见光中，叶绿素主要对红光和蓝紫光有着较强的吸收能力，对绿光则吸收较少。因此，当阳光照射到叶片上时，绿光被反射至我们的眼睛，使得叶片在视觉上呈现出绿色。

这种颜色的呈现不仅让我们能够欣赏到植物赏心悦目的翠绿，它所产生的光合作用对于生命更是至关重要。通过叶绿素的高效光能利用，植物为整个生态系统提供了丰富的能量和氧气，支持了生命的延续和繁荣。因此，我们应该珍惜每一片绿叶，保护我们共同的家园。

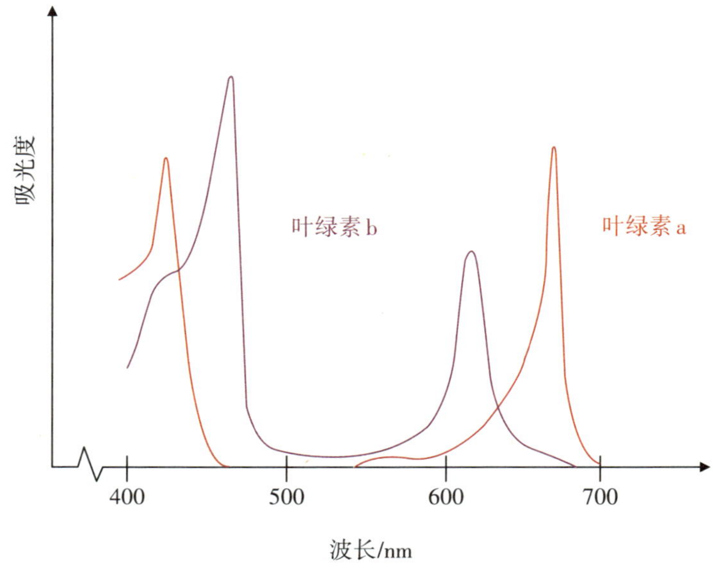

▶ 图2　叶绿素a和叶绿素b的吸收光谱

植物通过什么方式排出代谢废物?

动物可以通过排尿、排汗和呼出气体等方式排出身体产生的代谢废物,那植物呢?植物又是通过什么方式排出代谢废物的呢?植物可以通过以下方式排出代谢废物:

(1)气孔排泄:植物通过叶片上的气孔释放光合作用产生的氧气,并通过蒸腾作用排放水蒸气,这不仅有助于维持体内环境稳定,还保证了体内外的浓度差,促进水和矿物质的吸收与运输。同时,气孔也可以排放一些挥发性有机化合物。

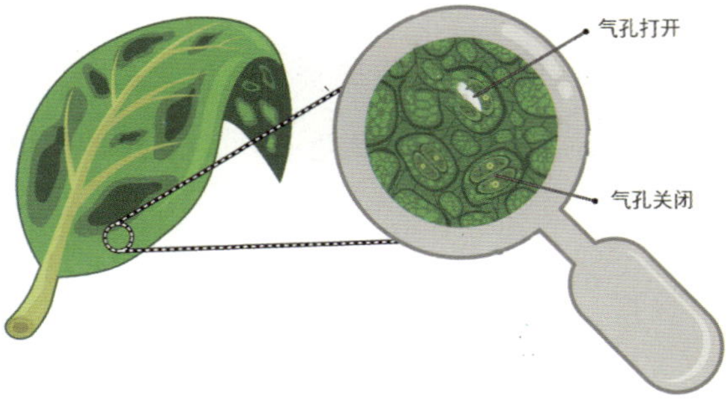

▶ 图1 气孔开闭示意图

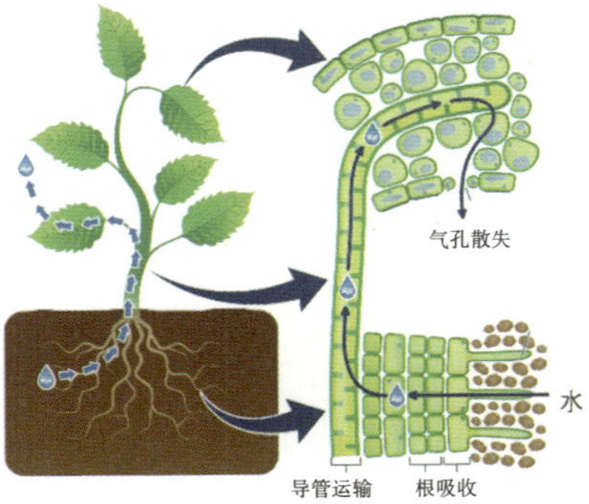

▶ 图2 蒸腾作用示意图

（2）根系分泌：植物的根部可以分泌多余的盐分和其他代谢产物到土壤中。

（3）落叶：植物通过落叶排出一部分废物。在落叶前，植物会将叶子内部的有用物质重新吸收，而一些不能利用的废物则会留在叶子中并随叶子一同落下。

▶ 图3　落叶

（4）树脂和其他分泌物：植物的树脂和其他分泌物主要是植物对外界压力的一种防御反应，但是，这些树脂和其他分泌物确实可能包含一些代谢废物。

（5）组织更新：比如老树皮的脱落，就是一种代谢废物排出的方式，以便植物更新其外部组织。

为什么海拔不同植被类型往往不同？

阔叶林往往分布在海拔较低的地方，针叶林大多分布在海拔较高的地方，这是为什么呢？

(1)海拔越高温度越低

海拔平均每升高 1 000 米温度下降 6 ℃左右，主要原因如下：第一，海拔高的地方，空气稀薄，导致大气储热能力较差，最终导致温度较低。第二，随着海拔的升高，大气压力会降低，空气分子间的碰撞减少，从而降低了分子间传递热量的效率，这同样会导致温度降低。第三，海拔越高，接收地面反射的热能越少。有研究表明，从太阳辐射到地球的热能，38% 会被大气层以及地面反射回宇宙空间，只有 12% 会被大气层吸收，而剩下的 50% 都会被地面吸收，所以地面也是维持空气温度一个重要的热源。越是靠近地面，接收到地面的热量辐射越多，温度越高。

所以，远离地面的地方，不仅接收到地面的热量辐射少，还由于空气稀薄，大气的储热性能差，而大气压力低、空气分子间的碰撞减少，共同导致海拔越高、温度越低。

(2)植物的适应性不同

大部分阔叶植物的叶子蒸腾作用大，在低温干旱的环境里会散失水分，导致植株缺水，还会损耗较多热量；而且，大部分阔叶植物的茎干里有导管，在严寒环境中，导管里面的水有可能会冻结。当然，还有土壤、温度、光照条件以及生物多样性等因素对此造成影响。

长期下来，一部分阔叶植物在秋天让叶子脱落，便于安全越冬，而另一部分则只在热带和亚热带生活。然而，北极圈里也有少量耐寒的阔叶植物，它们之中除了一些处于特殊的生态位和微环境外，主要依靠北大西洋暖流的热量在“挺着”。比如：冬青之类较为抗冻的常绿阔叶植物，它们的叶片有很厚的角质层，可以抑制水分蒸发，四川冬青的致死低温约为-14 ℃。

▶ 图1　冬青

大部分针叶植物的叶片面积小、有较厚的角质层，水分蒸发较少，有利于保持热量、抗风；叶片气孔稀疏、深陷，蒸腾作用速率远低于阔叶植物；而且针叶植物的气孔敏感性较强，水分利用效率较高。在长期的演化过程中，针叶植物还形成了一些特殊机制，如产生抗冻蛋白、调整细胞内的水分度等。比如：落叶松可以抵抗-70—-50℃的严寒。

▶ 图2　落叶松

向日葵为什么总是向着太阳?

▶ 图1 向日葵

向日葵，又名朝阳花，其名称源于其独特的生长习性——花盘随太阳转动。这种向阳性并非偶然，是与其生长习性和生理机制紧密相关的。

向日葵是典型的喜光植物，阳光对其生长和发育至关重要。为了最大限度地利用光能进行光合作用，向日葵会主动调整其生长方向，确保花盘和茎干始终朝向太阳。这种主动性的实现，依赖于向日葵体内一种特殊的植物生长素。

▶ 图2 正常光照和单侧光照(容器不透明)

在向日葵的茎尖部，存在一种避光的、刺激细胞生长的植物生长素。当生长素遇到单侧阳光时，它会向背光的一侧移动，导致背光面生长素浓度增加，而向阳面生长素浓度相对较低。由于生长素浓度的不均匀分布，背光面的细胞生长加快，向阳面则相对较慢，进而造成茎部向光性弯曲，形成向阳生长的现象。

向日葵的这种向阳性并非即时跟随，植物学家研究发现，其花盘的指向会稍落后于太阳大约12度，即48分钟。当太阳下山后，生长素会重新分布，使向日葵逐渐转回起始位置，再次朝向东方，准备迎接新一天的阳光。大约凌晨3点，向日葵就会朝向东方，等待太阳的升起。

值得注意的是，在向日葵的生长初期，其花盘和茎干尚未完全发育成熟，因此它们会紧密跟随太阳的运动而转动。然而，随着向日葵的成熟，特别是花盘完全成熟后，茎干内部的生长素含量会逐渐降低，导致茎干生长速度减缓。此时，向日葵的花盘会固定在一个方向上，不再随太阳的运动而转动。

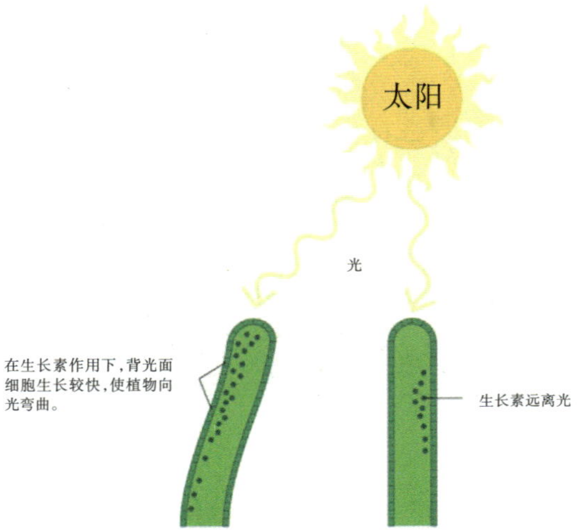

▶ 图3　植物生长素对阳光的反应示意图

综上所述，向日葵总是向着太阳生长，其生长习性和生理机制使其能够最大限度地吸收阳光进行光合作用。这种特性不仅增强了向日葵在自然界中生存和繁殖的能力，也使其成为一种具有竞争力的植物。

银杏树为什么被称为“活化石”?

▶ 图1　银杏树

银杏为中国特有树种，它历史悠久，生命力顽强，且寿命长，具有药用价值和观赏价值，被人们美誉为“活化石”。

银杏（学名：*Ginkgo biloba* L.）是银杏科的银杏属植物，乔木，成树可高达40米，胸径可达4米；幼树树皮浅纵裂，成树树皮呈灰褐色，深纵裂，粗糙；幼年及壮年树冠呈圆锥形，老年树冠则呈广卵形。叶子呈扇形，有长柄，淡绿色，无毛，有多数叉状并列细脉，顶端宽5—8厘米，在短枝上常具波状缺刻，在长枝上常2裂，基部宽楔形。球花雌雄异株，单性，生于短枝顶端的鳞片状叶的腋内，呈簇生状；雄球花柔荑花序状，下垂。种子具长梗，下垂，常为椭圆形、长倒卵形、卵圆形或近圆球形。

银杏为中生代孑遗的稀有树种，系中国特产，浙江天目山是野生银杏主要分布地之一。它多生于海拔500—1 000米、酸性（pH值5.0—5.5）黄壤、排水良好地带的天然林中，常与柳杉、榧树、蓝果树等针叶阔叶树种混生。目前，在朝鲜、日本及欧美各国的庭院中均有栽培。

银杏树为什么被称为“活化石”呢？首先我们了解一下什么是“活化石”。“活化石”是指那些在漫长的历史演化过程中，几乎没有发生进化，并且它的生长过程也没有被间断，到现在还在顽强地生存着的生物。这些生物在地球上就像记录者一样，给科学家的研究提供了很大的帮助。

银杏出现在两亿七千万年前，是第四纪冰川运动后遗留下来的裸子植物中最古老的植物，和它同纲的其他植物多数已灭绝，现存活在世的野生银杏稀少而分散，只在我国的部分地区保存下来一点点，有“活化石”和植物中的“熊猫”之称。

野生的银杏树是国家一级保护植物，值得注意的是，这里的野生指的是原生银杏，我们常见的银杏树基本是人工栽培的，这些银杏树成活率高，具有观赏价值，已遍布世界各地。

为什么只有同种植物的花粉才能完成受精?

植物的传粉方式分为自花传粉和异花传粉两种。自花传粉即自花授粉,也叫自交,指同一朵花中,雄蕊的花粉落在雌蕊的柱头上。异花传粉,指一朵花的雄蕊花粉,依靠外在媒介落到另一朵花的雌蕊柱头上的过程。自然界中,花粉借助外在媒介进行异花传粉时,极有可能落到另一物种花的雌蕊柱头上,这样是不是就形成了杂交品种呢?

被子植物(绿色开花植物)在通过有性生殖繁殖下一代时,需要经历传粉和受精过程。在进行传粉时,确实有可能发生一种花的花粉散落到另一种花的柱头上的情况,但这样的传粉其实是没有意义的。传粉结束后,花粉黏附在柱头需要释放外壁蛋白与柱头表面的蛋白相互识别并发生特异性结合,呈现"认可"的亲和识别反应,花粉才会在柱头黏液的刺激下,萌发出花粉管。而在不同植物物种间是存在生殖隔离的,花粉和柱头细胞的细胞膜含有特定的信号分子和受体,使得在植物的柱头上只有同种植物的花粉才可以萌发。这样就保证了物种的正常延续。

花粉萌发形成的花粉管,是花粉伸长变形后形成的,花粉管穿过花柱,进入子房里面的胚珠中,其中的精子与胚珠里面的卵细胞结合形成受精卵。

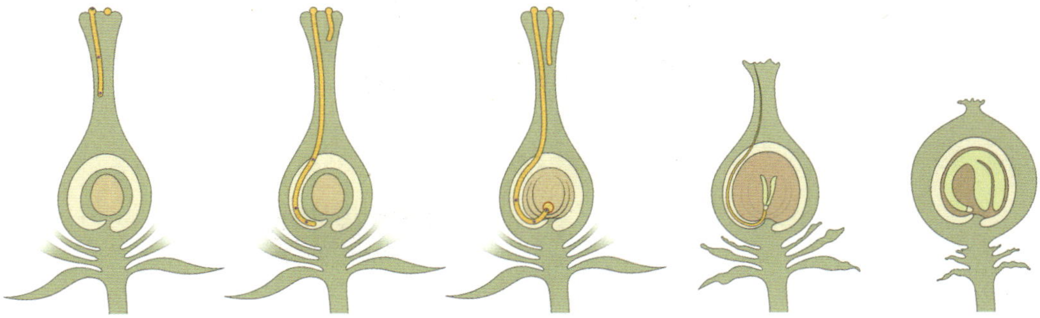

▶ 图2　花粉管伸长的过程示意图

花生的果实为什么长在土里?

你知道吗，在植物界中，花生堪称一奇，它地上开花，地下结果，其果实深藏于土壤之中，等待人们去挖掘。这种将果实隐藏在地下的现象，在植物界中实属罕见。那么，花生的果实究竟是如何进入地下的？又为何选择在地下生长呢？

花生，又称落花生，为双子叶植物。从种子萌发到绽放花朵，大约需要一个月的时间。每株花生的开花数量各异，少则几朵，多则上百朵。其花朵单生或簇生于叶腋，位于分枝顶端的花朵通常只开花不结果，是不孕花；而生于分枝下端的则是可孕花。当花生开花授粉后，花的花萼、花冠、雄蕊、柱头、花柱等部位逐渐凋零，唯独子房得以保留并发育。子房基部子房柄的分生组织细胞迅速分裂，使子房柄不断生长，并向地面弯曲。子房逐渐插入土中并膨大，最终形成了果实。其子房顶端呈针状，因此子房连同子房柄被统称为果针。

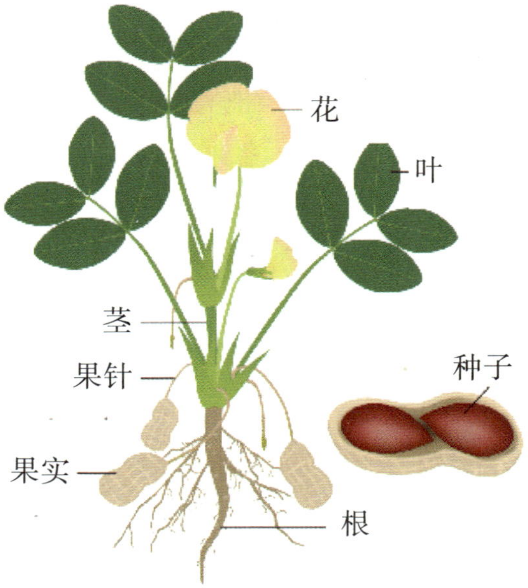

▶ 图1　花生植株示意图

当果针伸入土中达到2—8厘米时，子房开始横卧，并不断膨大，在体表长出茸毛，从而形成荚果。果针的生长具有显著的向地性，这使得我们能够观察到花生地上开花、地下结果的独特现象。若果针未能成功伸入土中，便会凋零，无法结果。

▶ 图2　花生的花

▶ 图3　花生的果针

▶ 图4　花生的果实

花生的花朵明明在枝头绽放，可为何要如此费力地伸入地下完成果实的发育呢？其中一个关键原因是，较暗的环境更有利于花生果实的发育。曾经有研究人员做过这样一个巧妙的实验，他们在花生开花受精后，刻意阻止了果针伸入地下。其中，一部分子房被黑色纸袋紧紧包裹，完全避光生长；而另一部分则暴露在阳光下。经过一段时间的观察，那些被遮光处理的子房成功发育为了果实，而那些暴露在阳光下的子房却没有任何发育的迹象。由此可见，花生的果实选择在地下生长确实与避免光照有关。地上开花，地下结果，这既是花生固有的遗传特性，也是其长期适应环境的结果。

为什么土豆是茎，萝卜是根？

在人们的眼中，植物的茎通常生长在地表以上，而根则深深扎根于地下的泥土中。土豆与萝卜，它们均长在泥土中，为何土豆被归类为茎，而萝卜则被归类为根呢？

▶ 图1　土豆的块茎

▶ 图2　萝卜的肉质直根

茎与根作为植物的两大营养器官，各自有独特的结构与功能。茎，宛如植物体内的输送带，承担着水分、无机盐以及有机物的“长途运输”；而根，则深入土壤，成为吸收水分和无机盐等养分的重要器官。在应对各种环境挑战与执行特殊生理任务的过程中，某些植物的某些器官，其形态结构会随之发生显著变异。经过无数代的演化，这些变异逐渐变得显著和稳定，最终融入了该植物的遗传特性之中，这一现象我们称之为器官的变态。

在植物王国里，茎的变态现象孕育出了丰富多彩的形态，如块茎、鳞茎、球茎以及匍匐茎等。同样，根也经历了类似的变态过程，产生了诸如贮藏根、气生根、寄生根等多种形态。这些变态器官不仅是植物对环境适应的印证，更是它们独特生存智慧的体现。具体来看，土豆是地下匍匐茎的顶端膨大形成的块茎，它不仅显著膨大，更具备储存大量营养物质的能力。萝卜是主根在生长过程中发生变态，膨大成一种储存营养的肉质直根。

土豆与萝卜，这两者同为储存营养的变态器官，均隐匿于地下，难以一眼辨识。我们究竟该如何区分变态根与变态茎呢？其实，块茎本质上仍是茎，它保留了茎的独特特征，比如茎上往往有芽或节。通过细心观察，我们不难发现，土豆的表面布满了向内的凹穴，俗称芽眼，它们是土豆萌芽生根的地方，而萝卜表面则无芽眼或芽。

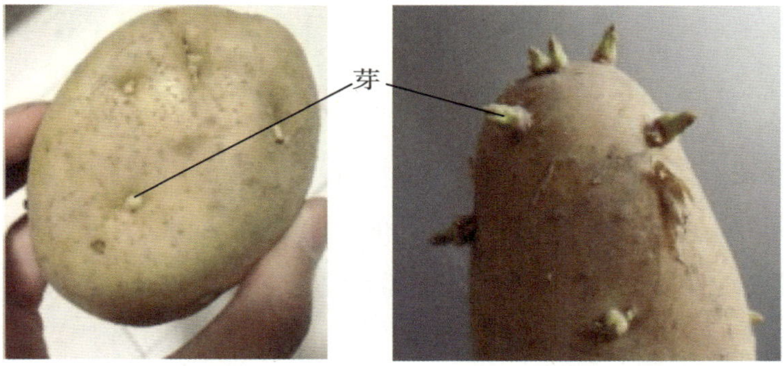

▶ 图3　土豆块茎上的芽

器官的变态现象在自然界中屡见不鲜，看看下面这些图片，这些器官究竟是根还是茎？你猜对了吗？

图4　小叶榕的变态根——气生根

图5　红薯的变态根——块根

图6　山药的变态茎——块茎

图7　莲藕的变态茎——块茎

图8　大蒜的变态茎——鳞茎

图9　洋葱的变态茎——鳞茎

种子在果实里面，为何二者并称为植物的器官？

绿色开花植物体通常都是由根、茎、叶、花、果实、种子六大器官组成的。但是，我们看到很多植物的果实这一器官是由果皮和里面的种子组成，果实与种子在结构上是包含关系，那么，它们为何并列称为植物的器官呢？

▶ 图1　桃子（被子植物，含果皮和种子）

▶ 图2　苏铁（裸子植物）及其种子

生物圈中已知的绿色植物约有50万种，可以分为孢子植物和种子植物，其中的种子植物是指能够产生种子并用以繁殖的植物。种子植物按照种子外是否包被果皮，又分为被子植物和裸子植物两类。

我们常见的那些果实含果皮和种子的植物都是被子植物，因具备真正意义上完整的花，故又称绿色开花植物。在经历开花、传粉、受精后，被子植物子房里面的胚珠发育成种子，子房壁发育成果皮，整个子房发育成果实。因此，被子植物能够产生果实这一器官。而裸子植物种子裸露，没有果皮包被，没有果实这一结构，故其种子称为一个器官。所以，并不是所有植物都有果实和种子，被子植物有果实和种子两种器官，而裸子植物只有种子一种器官。

秋天的落叶是风吹的，还是自己掉的？

自然界树木种类繁多，我国有8 000多种。由于树叶的寿命都是有限的，不论哪种树的叶子最终都会凋落。

常绿树也是要落叶的，只不过它的叶子比落叶树的叶子在枝头的寿命长罢了，常绿树的叶大多可活两年以上，并且常绿树的落叶时间也与落叶树不同。

▶ 图1　秋天的树木

常绿树之所以能保留绿叶过冬，是由其结构决定的。比如松树，它的叶子细小坚硬，表皮有一层蜡质，对树木体内水分的散失有抑制作用，因而水分蒸发量较小。常绿树的叶子多在春季新叶长出后才脱落，其绿色新旧接替，常年不退，因而常绿树才得以保持“常绿”。落叶树的叶子在休眠期间全部掉光，到生长季节又是满树绿叶，这种冬枯夏荣的景象十分明显。

那树叶掉落到底是什么原因呢？可能很多人以为，秋天树木落叶是秋风吹落的，实际上，树木的落叶是内因（如树叶寿命、树木生长周期等）和外因（如温度下降、水分缺乏、光照减少等）共同作用的结果。

在温带地区，晚秋以后，气温逐渐下降，空气干燥且常有大风，叶面散失的水分很多。同时，由于气温下降，树根活动渐趋缓慢，吸收功能相应减弱，树木体内水分开始欠缺，继而引起生理上的变化。叶子里的养分如蛋白质、糖类和氮、磷、钾等物质，逐渐从叶组织转移到茎、干、根中贮存积累起来，这时，叶子里只剩下树木需要量甚少的微量元素。叶部与枝条相接处的薄壁细胞开始分裂，形成几层柔嫩的离层细胞，随后，细胞果胶质或初生壁的纤维素溶解，细胞间开始失去联系。至此，叶子逐渐枯黄，并在重力或风的作用下纷纷掉落。

各种树木落叶的次序是不一致的。只要你仔细观察便会发现，有些树的叶子先从枝梢落起，渐及树干，如山杨、毛桦等。而有的树木则是接近树干的叶子先落，枝梢的后落，如柳树、紫藤等。而皂荚又比较特殊，它的叶子为羽状复叶，一根总叶柄两侧列着许多小叶，待小叶落光后，总叶柄才“依依不舍”地掉下来。还有，核桃的叶子脱落后，叶柄要一直等到新芽萌发时才脱离树枝。

因此，树木落叶是一种正常的生理现象，其根本原因是树木本身的内在因素，秋风只不过是加速了这一过程。秋天树木落叶也是树木对低温、干旱等不良气候条件的一种适应，通过落叶让自己能安全度过寒冷、干燥的冬季，并等待条件适宜时再次萌发。

为什么发芽的土豆有毒?

吃发芽的土豆有可能会中毒,这也许大家早已知道,但是为什么吃发芽的土豆有可能会中毒呢?大多数人却并不知道原因。

首先,我们得知道,土豆为什么会发芽?

由于土豆是埋在土里的,很多人就认为它是植物根,其实,土豆是植物茎,由于位于地下,所以被称为地下块茎。它有其他植物茎一般的特征,比如,土豆表面那些凹陷实际上就是它的茎节。既然是茎节,那就可以从这个部位发芽,长出新的茎叶,甚至是植株。

▶ 图1　发绿的土豆

那么,为什么发芽、发绿的土豆会有毒呢?

这是因为土豆在一定温度下就会发芽,而在光照的作用下,它还会产生叶绿素进行光合作用。但是,我们知道,绿色植物都含有大量叶绿素,比如绿叶蔬菜都具有很高的营养价值,并且叶绿素并没有毒。

发芽、发绿的土豆之所以有毒是因为土豆在产生叶绿素的同时,还产生一种叫作龙葵素（又名茄碱）的有毒生物碱，目的是防止细菌、真菌的感染，以及动物和寄生虫的啃咬。正常的土豆每100克中只含龙葵素10毫克，而发芽、发绿、腐烂的土豆中龙葵素会增加至正常土豆的50倍或更多。

通常，一次摄入极少量龙葵素（如低于20毫克）对人体可能不会产生明显的伤害，但是如果一次摄入大量龙葵素（如超过200毫克，大约相当于40克已发绿、发芽的土豆），经过15分钟至3小时就可能发病。最早出现的症状是口腔及咽喉部瘙痒，上腹部疼痛，并有恶心、呕吐、腹泻等症状。症状较轻者，经过1—2小时会通过自身的解毒功能而自愈。然而，如果一次摄入300—400毫克或更多的龙葵素，则症状会加重，表现为体温升高和反复呕吐而致失水，以及瞳孔放大、怕光、耳鸣、抽搐、呼吸困难、血压下降等症状，极少数人可因呼吸麻痹而死亡。

▶ 图2　发芽的土豆

在发芽的土豆中，叶绿素和龙葵素往往同时存在，而且发绿的土豆皮下和发芽周围的肉质中龙葵素含量较高，这就是吃发芽的土豆会中毒的原因。

梨肉里的砂粒状颗粒是什么组织？

吃过梨的同学都知道，梨的果肉里有一种细小而硬脆的砂粒状颗粒，影响梨肉的口感，那这些砂粒状颗粒是什么呢？简单来说，这实际上是梨果肉里由多个石细胞组成的石细胞团。

▶ 图1　梨

梨这种水果富含糖类、维生素、矿物质、膳食纤维等有益成分，营养丰富，深受人们的喜爱。而石细胞含量是评价梨果实品质的重要指标之一，石细胞是一种厚壁组织细胞，主要是由薄壁组织细胞经木质素不断沉积形成，主要由大量木质素、纤维素和半纤维素组成。

在梨的发育过程中，石细胞在梨树开花后20天左右开始分化，薄壁细胞中有个别细胞的细胞壁变厚，形成厚壁细胞。以此为中心，周围薄壁细胞的细胞壁继续加厚，出现厚壁细胞聚簇现象，木质化后形成石细胞团。细胞团形成后，其余细胞会围绕细胞团进行细胞分裂，新细胞也变成了石细胞，因此石细胞团逐渐变大。石细胞含量由于梨品种不同而有些许差异，但在发育时石细胞含量总体上呈先上升后下降的趋势。

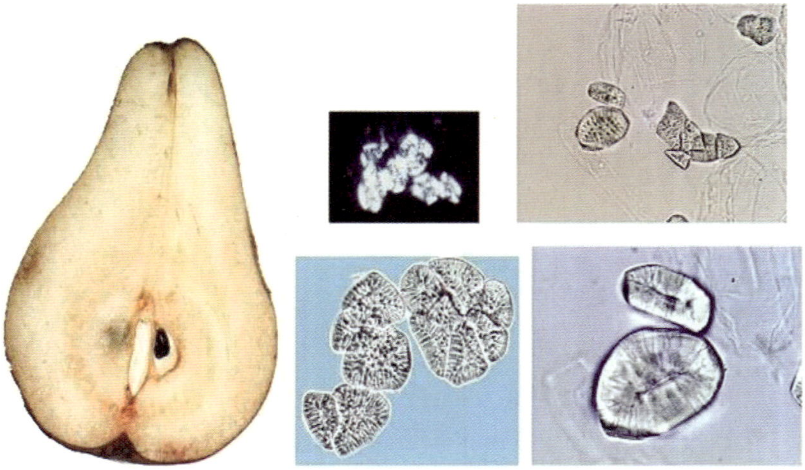

▶ 图2　梨与梨果肉里“成簇”的石细胞

▶ 图3　石细胞的荧光染色图

石细胞可作为评价梨品质的重要指标之一，单个石细胞不影响口感，但石细胞聚集在一起形成较大的石细胞团时，则不利于营养成分积累，会严重影响梨的品质和口感，从而降低其市场价值。

藻类会吸收碘吗?

藻类是一类具有光合色素,能独立生活的自养生物,多数水生,少数陆生。构成藻类的细胞是原核细胞(蓝藻门)或真核细胞(其他藻类)。藻类大多数生活在水中(海水或淡水),没有根茎叶的分化。

▶ 图1 常见藻类示意图

藻类的生活离不开水和无机盐,生活在水中的藻类全身细胞都可以吸收水和无机盐。与藻类生活有关的无机盐有多种,如K、Ca、Na、Mg等。碘作为一种非金属卤族元素,在水中主要以IO_3^-和I^-的形式存在,可以作为辅助因子参与酶的合成或直接结合到蛋白质上影响蛋白质的功能。

有科学家做过实验,将杜氏盐藻(一种海洋藻类)放在KIO_3溶液中培养,发现杜氏盐藻的藻体中β-胡萝卜素的含量较正常海水培养的杜氏盐藻更高,说明碘是藻类生长需要的元素。碘对海洋藻类尤为重要,一些淡水藻类也可能会吸收碘,只是具体种类和需求量可能有所不同。

那么，藻类是如何吸收碘的呢？碘在自然界大多是以离子形式存在的，藻类吸收的是IO_3^-和I^-。植物细胞最外层是细胞壁，细胞壁是一层起机械支撑作用的结构，具有全透性，可以通过IO_3^-和I^-。细胞壁内侧是细胞膜，细胞膜的基本结构包括磷脂双分子层、蛋白质和糖类，对不同的物质具有选择透过性。对于碘离子，藻类细胞通常通过主动运输的方式将其吸收到细胞内，具体机制可能因藻类种类而异。

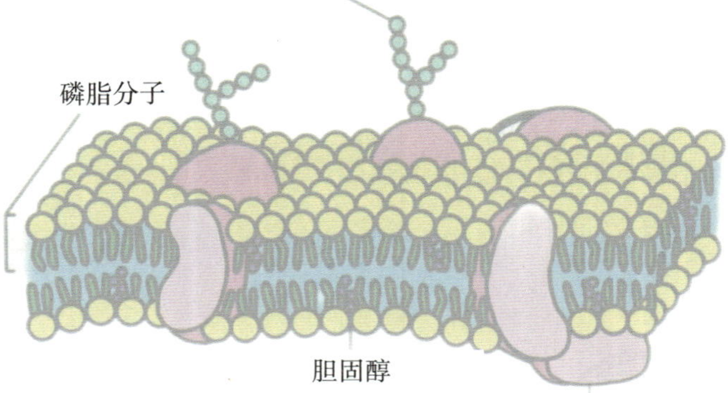

▶ 图2　细胞膜的结构示意图

对于小分子物质，它们可以直接透过细胞膜进入细胞，这样的方式称为自由扩散；对于一些有极性的、不能直接进入细胞的物质，则需要借助载体蛋白，这样的方式称为协助扩散；而离子想要进入细胞，除了需要载体蛋白外，还需要消耗能量，这样的方式称为主动运输。

综上可知，碘是藻类生活所需的元素之一，以离子形式存在，可以被藻类用主动运输的方式吸收到细胞内。

赤潮是怎么形成的?

“赤潮”,常被比喻为“红色幽灵”,国际上也称之为“有害藻华”,是海洋生态系统中的一种异常现象。

▶ 图1 赤潮

赤潮主要由海藻家族中的赤潮藻在特定环境条件下爆发性地增殖造成。海洋浮游藻是引发赤潮的主要生物,全世界4 000多种海洋浮游藻中有260多种能形成赤潮,其中有70多种能产生毒素。这些毒素有些可直接导致海洋生物大量死亡,有些甚至可以通过食物链传递,造成人类食物中毒。根据引发赤潮的生物种类和数量的不同,海水有时也呈现出黄色、绿色、褐色等不同颜色。

引发赤潮的原因主要是城市工业废水和生活污水大量排入海中,使水体中的营养物质富集,造成海域富营养化。此时,水域中氮、磷等营养盐类,铁、锰等微量元素以及有机化合物的含量大大增加,为赤潮生物的大量繁殖提供了条件。

中国沿海养殖业的飞速发展，尤其是对虾养殖业的蓬勃发展，产生了严重的自身污染问题。因为，在对虾养殖过程中，渔民会投喂大量复合饲料和鲜活饵料。一方面，由于养殖技术的不完善，往往造成投饵量偏大，池内残存饵料增多，严重污染了养殖水质。另一方面，由于虾池每天需要排换水，所以每天都有大量含有残饵、粪便等污染物的污水排入海中，这些污水中含有氨氮、尿素、尿酸及其他形式的含氮化合物，加速了海水的富营养化，为赤潮生物提供了适宜的生存环境，使其增殖加快，特别是在高温、闷热、无风的条件下最易发生赤潮。

▶ 图2　对虾养殖基地

植物不需要土壤也能生存吗?

我们通常认为植物都扎根于土壤之中。因为植物需要从土壤中获取水分与无机盐等营养物质。那么,有没有植物可以离开土壤而直接在空气中生存呢?

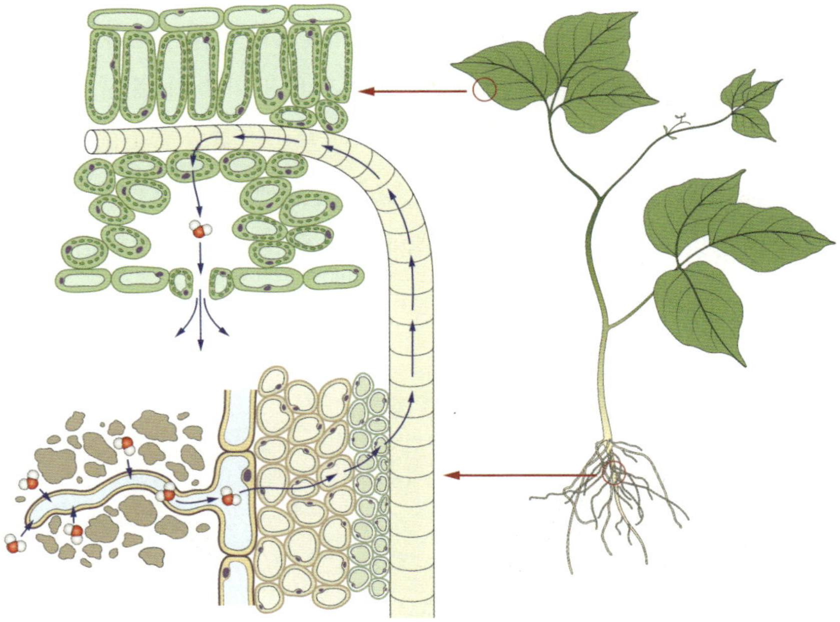

图1　植物从土壤中吸收营养物质的示意图

答案是,有的!有一种特殊的气生无根类植物,名叫空气凤梨。它是一种多年生草本植物,其全部的器官都生长在空气中,不接触土壤,极少数品种有少量细弱根状结构,这些根状结构主要起支撑和附着作用,并且同样暴露在空气中。空气凤梨因为能完全生活在空气中而得名。

空气凤梨与其他植物的叶片结构有明显的差别,它的叶片表面具有独特的鳞片,这些鳞片形态类似于动物表皮的薄片状结构,层叠覆盖于叶片表面。它之所以能在空气中生存,是因为它所需要的养料和水分,几乎都可以通过叶面上的鳞片吸收。

▶ 图2 被染色的空气凤梨

空气凤梨之所以有这种与众不同的习性，与其独特的生存环境有关。因为大部分空气凤梨原产于中、南美洲的热带、亚热带地区，那里干旱少雨，阳光强烈，昼夜温差大。这种环境使得空气凤梨进化出了独特的生存方式。空气凤梨的叶肉组织发达，可避免干旱环境下强烈光照对叶肉的灼伤，还能有效地进行光合作用。叶肉细胞中较多的贮水组织可以储存叶表鳞片及气孔吸收的水分，并在干旱时输出。

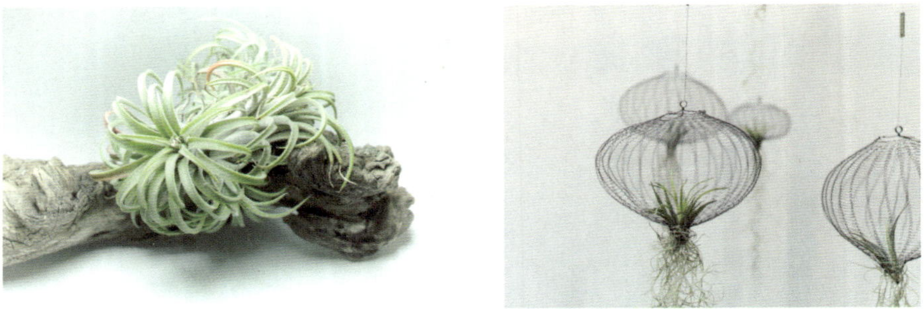

▶ 图3 用于装饰的空气凤梨

由于空气凤梨具备了从空气中获取水分和养料的本领，所以不惧怕离开土壤，而常常附着于石壁、树木或者电线杆等，给自然界增添了一道独特的风景线。

绿色植物体内的糖类是如何转化为蛋白质的？

绿色植物通过光合作用制造的有机物主要是糖类，一部分糖类能在植物体内转化成蛋白质、脂肪等其他有机物。那么，糖类是如何转化成蛋白质的呢？

植物光合作用制造的糖类，比如葡萄糖，在糖酵解过程中可产生丙酮酸。当这些糖类要转化为蛋白质等其他物质时，需要糖酵解的中间产物丙酮酸提供碳骨架。转氨酶将氨基转到碳骨架上经过转氨作用形成氨基酸，继而可以构成蛋白质。另外，丙酮酸也可参与脂肪的合成，间接地影响脂肪的生成。所以，糖类、蛋白质、脂肪相互转化的关键是丙酮酸。

有氧呼吸可分为3个阶段：

第一阶段：在细胞质基质中，葡萄糖反应生成丙酮酸和还原性氢；

第二阶段：在线粒体基质中，丙酮酸和水反应生成二氧化碳和还原性氢；

第三阶段：在线粒体内膜上，还原性氢和氧气反应生成水，同时产生大量三磷酸腺苷（ATP）。

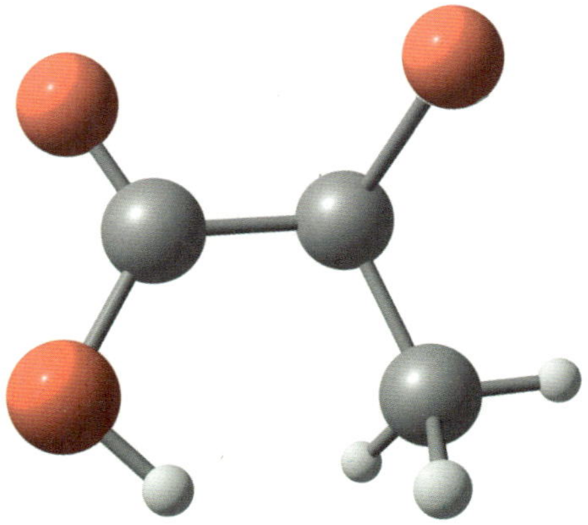

▶ 图1　丙酮酸化学结构示意图

动物篇

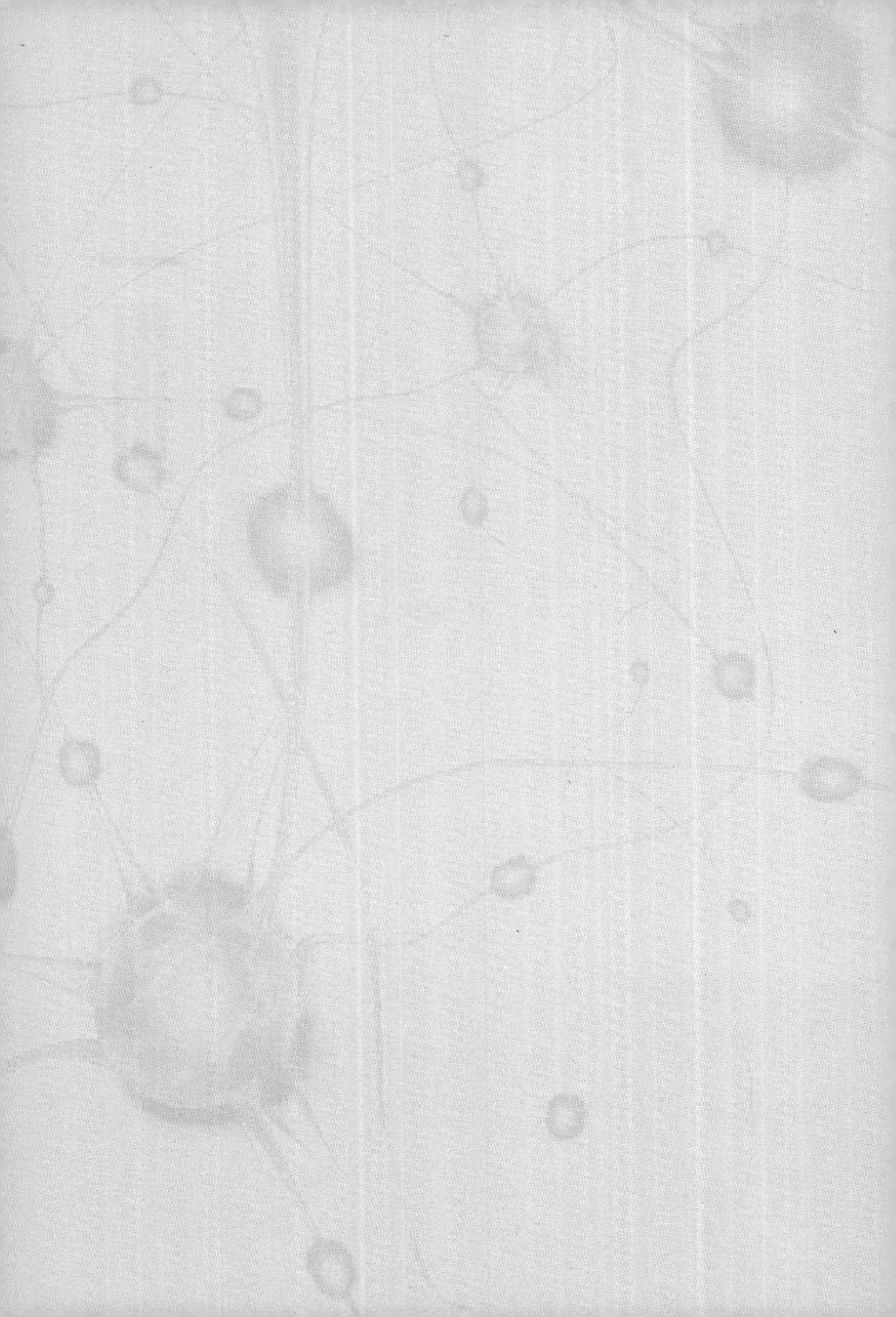

人有血型，动物有血型吗？

大家可能会在一些古装电视剧中看到滴血认亲的场景，说血液相互融合就可确定亲子关系。那么，滴血真的可以认亲吗？结论是这些电视剧中滴血认亲的方法并没有科学依据。这是因为血液容易受到环境因素影响，从物理角度解释，最后血滴都可以融在水中。换句话说，电视剧中的滴血认亲方式，认为血液相互融合就代表有血缘关系，其实可能只是两个人有相同的血型而已，并不一定有血缘关系。

血型是人类血液型别的一种标志，人与人之间的血型并非完全相同。血型通常是指红细胞的分型，其依据是红细胞表面是否存在某些可遗传的抗原物质。抗原物质可以是蛋白质、糖类或者糖脂等。

红细胞血型是根据血液中的红细胞表面抗原来划分的，根据抗原种类的不同，常见的有20多个分类系统，ABO血型系统只是其中的一个，由于发现得最早，与输血的关系最密切，所以广为人知。对人类输血安全影响最大的血型系统为ABO血型系统，分为A型、B型、O型和AB型四型，其次为Rh血型系统，分为Rh(D)阳性和Rh(D)阴性。ABO血型是根据红细胞膜上是否存在抗原A与抗原B而将血液分成4种血型。红细胞上仅有抗原A为A型，只有抗原B为B型，若同时存在A和B抗原则为AB型，这两种抗原均无的则为O型。

▶ 图1　ABO血型系统示意图

我国汉族和大部分少数民族，Rh(D)阳性血型约占99%，Rh(D)阴性血型的人约占1%，这1%的Rh(D)阴性血型称为稀有血型，也就是人们俗称的“熊猫血”。

人是有血型之分的，那动物有没有血型呢？实际上动物也是有血型的。

猫和人类比较相似，不过，它只有两种抗原——A和B，但是这两种抗原和人的抗原不一样，而且猫只有3种血型，即A型、B型、AB型，绝大多数家猫的血型为A型。

研究人员发现，和人基因比较接近的灵长类，它们的血型也不复杂，，猩猩的血型属于B型，黑猩猩的血型属于O型或A型，大猩猩的血型有A型也有B型，长臂猿的血型有A型、B型及AB型。

然而，狗、绵羊、牛的血型就更复杂。

比如，狗具有8种可以附着在红细胞上的抗原，大多数标记为狗红细胞抗原，并且相同品种的狗血型通常也是相同的。绵羊的血型系统分成7种主要类型，即A型、B型、C型、D型、M型、R型、X型。又比如，牛有11种被国际上公认的血型，它们是A型、B型、C型、F型、J型、L型、M型、R型、S型、T型、Z型。

苍蝇、蚊子飞行时的“嗡嗡”声是叫声吗？

当我们沉浸在夏日夜晚的宁静之中时，偶尔会被一种恼人的声音打扰——那便是苍蝇和蚊子飞行时产生的“嗡嗡”声。然而，这并非它们的叫声，而是它们的翅膀在振动时引发的独特声音。想象一下，这些微小的生物，以惊人的频率振动着它们那纤薄的翅膀，翅膀与周围的空气发生激烈的相互作用，从而产生了声波。这种声波，是它们的身体结构与空气动力完美结合的产物。

▶ 图1　蚊子（漫画图）

▶ 图2　家蝇

苍蝇和蚊子的翅膀结构独特，因此它们能够以极高的频率振动翅膀。这种高速振动赋予了它们出色的飞行能力，如空中悬停、急速转向等，同时与空气产生强烈的相互作用，从而产生了我们熟知的“嗡嗡”声。这种声波的频率恰好位于我们听觉的敏感范围内，因此每当它们靠近时，我们便能清晰地听到这种声音，仿佛是大自然为我们准备的特殊提醒。

人耳能够听到的声音频率范围通常在20—20 000赫兹（Hz）之间，对1 000—3 000赫兹（Hz）之间的声音最为敏感。实验证明，只有当物体每秒钟振动次数（或频率）在上述范围内时，我们的耳朵才能捕捉到这些声音。苍蝇在飞行时，其翅膀每秒钟的振动频率约为200次，而蚊子在飞行时翅膀每秒钟的振动频率则高达400—

600次，甚至某些摇蚊科蚊虫的振翅频率可达每秒钟1 000次。这种高速的振翅频率正是苍蝇和蚊子在飞行时产生“嗡嗡”声的根本原因。苍蝇和蚊子之所以需要如此高的振翅频率，是因为它们具有独特的生理结构特点，以及进化过程中对高效飞行方式的适应。

但是，并非所有昆虫飞行时都会发出声音。相比之下，蝴蝶在飞行时翅膀的振动频率远低于人耳的敏感范围，每秒钟只有5—6次。蝴蝶拥有宽大的翅膀，能够提供更强的浮力，使它们能够以较低的振翅频率飞行，从而避免了声音的产生。这种优雅的飞行方式使蝴蝶在自然界中显得尤为神秘和迷人。

▶ 图3 蝴蝶

综上所述，苍蝇和蚊子飞行时产生的“嗡嗡”声实际上是它们的翅膀在高速振动时与空气相互作用所产生的声音，而非它们的叫声。这种声音与它们的翅膀结构、振翅频率以及人耳的听觉特性密切相关。

白蚁是蚂蚁吗?

白蚁与蚂蚁，尽管都俗称为“蚁”，但实际上它们属于截然不同的生物类别。

在分类地位上，蚂蚁属于节肢动物门、昆虫纲、有翅亚纲、膜翅目、蚁科，其生长周期包括卵、幼虫、蛹和成虫四个阶段，是典型的“完全变态发育”昆虫。相较之下，白蚁则属于节肢动物门、昆虫纲、有翅亚纲、蜚蠊目、白蚁科，白蚁的生长周期仅包含卵、幼虫和成虫三个阶段，呈现“不完全变态发育”的特点。

▶ 图1　白蚁

在形态特征上，蚂蚁通常形体较小且呈长形，头部较大，配备一对复眼和长触角。其腹部呈卵形，体色多样，如黑色、白色、黄色、赤色、褐色等。蚂蚁的触角第一节特别长，形似两条腿，值得一提的是，雌蚁和雄蚁具有翅膀，工蚁则无。而白蚁体形相对较小，繁殖蚁拥有两对远超身体长度的翅膀，具有保护作用。其头部前方配有一对复眼和单眼，而工蚁和兵蚁则通常仅有单眼，复眼已退化。白蚁的体色为灰白色，因此而得名。此外，白蚁的体壁较薄，仅头部和近头部部分背板坚硬，腹部柔软。白蚁的触角各节均匀分布，呈“念珠状”。

在生活习性上，蚂蚁表现出典型的社会性群体特征，如相互合作照顾幼体、明确的劳动分工以及子代照顾上一代等。蚂蚁的食物来源广泛，包括动物、植物、真菌等。而白蚁具有群栖性和巢居性，主要食物为植物，包括木材的纤维素及半纤维素。白蚁的寿命可达数十年且繁殖力极强，每只蚁后每日可产卵数百枚。

在生态作用上，蚂蚁具有多方面的生态价值，如改良土壤结构、提高土壤肥力、分解有机物质、扩散植物种子、帮助植物授粉、控制害虫数量等，有的种类的蚂蚁还具有食用和药用价值。而白蚁在生态系统中对加速地表物质循环有重要作用，但它们在人造堤和建筑物内营巢时，会对堤坝和建筑物造成严重危害，俗话说“千里之堤，溃于蚁穴”，白蚁就是这些破坏的罪魁祸首。

综上所述，蚂蚁与白蚁在分类地位、形态特征、生活习性和生态作用等方面均存在显著差异，因此它们为两种不同的昆虫。

▶ 图2　蚂蚁

蚯蚓是如何在土壤中钻行的?

土层深处，隐藏着一个绚丽多姿的地下王国，蝼蛄、鼹鼠和蚯蚓都是这个地下王国中不可或缺的成员。为了在这片广袤无垠的地下世界中占据一席之地，它们必须精通挖掘土壤的技巧，这是生存于地下的关键本领。

蝼蛄，俗名拉拉蛄、地拉蛄、天蝼、土狗等，是一种植食性害虫，但也是一种药用昆虫，它生活在泥土中，昼伏夜出，以植物嫩茎为食。作为昆虫，蝼蛄拥有坚硬的外骨骼来支撑身体并保护内部器官。其前足发达，呈铲状，非常适于掘土。在外骨骼和前足的帮助下，蝼蛄能够轻松地挖掘土壤。

▶ 图1 蝼蛄

鼹鼠，俗称地皮子、隐鼠，是一种哺乳动物。它白天居住在土穴中，夜晚出来捕食昆虫，同时也吃植物的根。作为哺乳动物，鼹鼠体内有强健的骨骼支撑身体。为适应掘土生活，鼹鼠的前肢特别发达，前脚掌向外翻，有利爪，如同两把铲子。在内骨骼和前肢的协助下，鼹鼠在土里挖掘洞穴作为栖息地。

无论是昆虫的外骨骼还是哺乳动物的内骨骼，都为它们的身体提供了强有力的支撑，使它们能够在掘土时更加轻松自如。然而，蚯蚓却截然不同，它既不具备外骨骼，也没有内骨骼，身体呈现出柔软而富有弹性的特质。那么，蚯蚓是如何在土壤中开辟出一条条道路的呢?

其实，蚯蚓拥有一种独特的生理结构，其体壁与消化道之间形成了一个封闭的体腔，这个体腔内充满了体腔液。体腔液不仅填充了空间，还通过体壁上的肌肉（既有环肌，又有纵肌）的收缩来增大其静态压力。这种压力使蚯蚓获得了类似于骨骼的支撑和运动的功能，被称为流体静力骨骼。流体静力骨骼与内骨骼和外骨骼一样，是动物界中支撑身体的三种主要形式之一。正是有了这种流体静力骨骼的支撑作用，蚯蚓才能够轻松克服土壤的阻力，在土壤中自如地钻行。

蚯蚓身体的最前端，有一个肉质的叶状突起，称为口前叶。当肌肉收缩使体腔液压力增大时，口前叶会膨胀，硬度增加，此时它便承担起掘土的重任，为蚯蚓在土壤中穿行提供便利。有学者反复观察后发现，口前叶不仅具有掘土的功能，还能像吸盘一样吸附在物体表面，从而固定住蚯蚓的身体前端。在这一基础上，蚯蚓的后端便能在刚毛的辅助下自如地向前移动，实现其在各种环境中的灵活移动。

▶ 图2　蚯蚓的口前叶和刚毛示意图

总之，在流体静力骨骼的支撑作用下，口前叶、肌肉、刚毛等结构协调配合，使“柔软的”蚯蚓能够在土壤中自如地钻行。

为什么有的鱼只能生活在海水里?

地球上海水的盐浓度在16‰—47‰之间(平均为35‰),而淡水中的盐浓度在0.01‰—0.5‰之间(平均为0.3‰)。鱼类能够在不同盐浓度的水域中正常生活,这得益于它们完善的生理调节机制,但这一调节能力仅适用于一定的盐浓度范围。根据鱼类对盐浓度的适应能力,它们可被划分为狭盐性鱼类(包括淡水狭盐性鱼类和海水狭盐性鱼类)和广盐性鱼类(包括溯河广盐性鱼类、海水广盐性鱼类和咸淡水广盐性鱼类)两大类。这些鱼类对盐浓度的适应和调节的能力与方式存在差异。

海水鱼生活在高盐浓度的海水中,由于海水渗透压高于鱼体内的渗透压,水分会不断流失,因此,海水鱼就需要喝水来补充体内水分。然而,吞食海水的同时,鱼体内的盐分也大大增加了。为了应对这一问题,海水鱼都拥有各自的"海水淡化器",能将多余盐分及时排出体外。而硬骨鱼类和软骨鱼类又有所不同。

▶ 图1 海洋硬骨鱼——鲳鱼

▶ 图2 海洋软骨鱼——鲨鱼

海洋中的硬骨鱼类具有很强的排盐能力,首先,它们的鳃中有泌氯细胞,其泌氯细胞体积大、数量多,随海水一同吞入的多余盐分主要由鳃中的泌氯细胞排出。其次,海洋硬骨鱼类肾脏内肾小球的数量要远少于淡水鱼类,有些种类的海鱼甚至完全没有,这样,肾脏的排尿量大大减少,肾脏失水降至最低。肾小球的滤出液中,大部分水分被肾小管重新吸收。

海洋中的软骨鱼类（如鲨鱼）的"海水淡化器"又是另一个样子。首先，它没有泌氯细胞，而是将代谢后的氮化物，以尿素形式贮存于血液中，这就使血液浓度增高，保持体液的高渗透压，从而减少水分的渗透。其次，它还可以加速体内盐分的排泄。如果把海水鱼放在淡水里，淡水的渗透压比较低，水分会从外界渗入到鱼体内，造成细胞质浓度降低、体积变大，而海水鱼没有相应的排水能力，就会被活活"胀死"。

而淡水鱼则面临着低渗的淡水环境，因此就有渗透吸水的倾向。为了防止体液被稀释至无法维持必要生理功能的状态，淡水鱼类主要依赖肾脏进行渗透调节。淡水鱼类的肾脏内肾小球数量远远多于海水鱼类，通过肾小球的过滤作用，增大泌尿量来排除体内多余的水分，而葡萄糖和一些无机盐在肾小管被重新吸收回血液，这样生成的尿液浓度就很低，由排泄尿所丧失的盐分就很少。随着大量尿液丢失的部分盐类，淡水鱼主要通过食物摄取和鳃的主动吸收来平衡。另外，淡水鱼不直接饮水，水从口入，从鳃流出，不进入消化管，有效防止了过多的水分进入体内。如果淡水鱼进入海水环境，由于海水渗透压高，淡水鱼会失去水分脱水而亡。

洄游性鱼类既可以在海里生活又可以在淡水中生存。当它们从淡水进入海水时，会从排水保盐状态转为排盐保水状态，启动海水中的渗透压调节机制，如大量饮水，鳃主动排盐等。当它们从海水进入淡水时，会从排盐保水状态转入排水保盐状态，激活淡水中的渗透压调节机制，如减少饮水量，增加排尿量等。这种灵活的调节能力使洄游性鱼类能够适应不同盐浓度的环境。

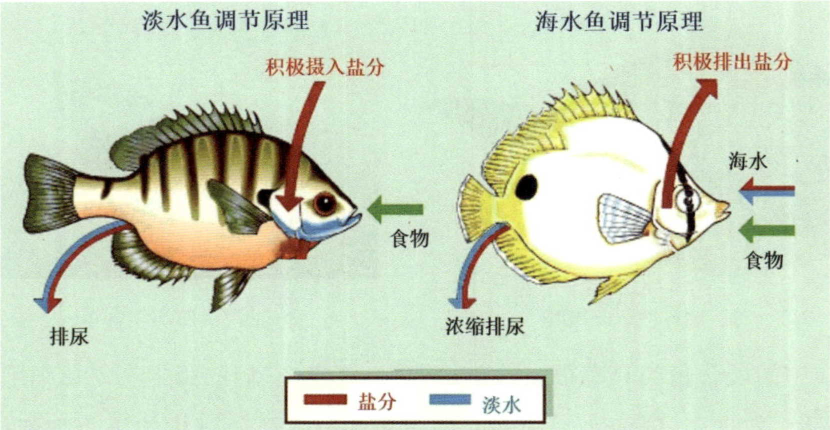

▶ 图3 鱼类渗透压调节示意图

鱼的记忆真的只有7秒钟吗?

鱼的记忆只有7秒这种说法在大众中广为流传。那鱼的记忆真的只有7秒钟吗?让我们一起来看看科学家关于鱼的记忆的研究。

1965年,美国密歇根大学的研究人员设计了亮光和电击对金鱼活动影响的实验。实验开始,研究人员在一个长方形鱼缸的一端先射出一道亮光,20秒后,又在同一端释放电击。经过数次实验后,研究人员发现,金鱼对亮光和电击之间的关系形成了记忆:当它们一看到亮光就会迅速游到鱼缸的另一端躲避电击。研究人员通过这个实验发现,只要进行合理的训练,这些金鱼可以在一个月内牢牢记住躲避电击的方法。

普利茅斯大学的研究人员也对金鱼的记忆进行了研究。他们训练金鱼推动一根小杆子到达指定位置后可获得食物。在往后的3个月时间里,研究人员将推杆与食物的因果实验减少至1天1个小时。他们发现,金鱼很快适应了食物供给的时间段规律,减少了推杆的次数,而不是不停地游来游去。更妙的是,到了后期,金鱼在研究人员投食前1小时就将杆子推到了换取食物的位置,这表明它们完全记得食物投放的方式和时间。

实际上,鱼类的聪明程度超出人们的想象。查尔斯·斯特尔特大学陆地、水域和社会研究所助理研究员凯文·沃布顿从事鱼类研究10多年后发现,鱼能够记住捕食者的类型达数月之久,即它们在遭到捕食者攻击后,就知道躲避这种类型的捕食者,而且这种记忆可以维持数月。

大量实验证明:鱼类和其他脊椎动物一样具有学习和记忆的能力,它们的记忆远不止7秒。鱼类的生命周期普遍比较短,但面临的环境却错综复杂,这就要求它们在面临具体问题时能够表现出合适的行为,而学习和记忆能力在指导鱼类的行为方面扮演着重要角色。

鲨鱼要一直游动才能呼吸吗?

鲨鱼的体型庞大,嗅觉和听觉都非常灵敏,具有强大的猎杀能力,被称为海洋中的霸主。我们去海洋馆时会发现,鲨鱼虽然游得很慢,但是几乎一直都在游动,并且总是张着嘴。听说鲨鱼不能偷懒,它必须一直游动才能呼吸,这是真的吗?所有的鲨鱼都需要一直游泳才能呼吸吗?为什么会这样呢?

▶ 图1 鲨鱼

原来,这是因为鲨鱼没有很多鱼都有的一种器官——鱼鳔。鱼鳔里面充满空气,可以帮助鱼类控制在水中游动时的深浅。然而,鲨鱼属于软骨鱼类,它们没有鱼鳔,为了能顺利地浮在水中,就要借助另一个器官——肝脏。肝脏是鲨鱼最大的内脏器官,其质量一般占鲨鱼体重的20%以上,并且富含油脂。所以,鲨鱼的相对密度主要由肝脏储藏的油脂量来确定,它可以为鲨鱼提供一定的浮力。另外,鲨鱼全身大部分是软骨,只有极少数的骨骼有部分钙化,这也让鲨鱼减轻了体重,增加了身体浮力。但仅有这些还是不够,因此,鲨鱼还要通过不停地游动来保证身体处在氧气含量比较丰富的海水中,并进行呼吸。另外,鲨鱼没有鳃盖,而是在头部的两侧有5—7个鳃裂,它们游动时,海水先是通过半开的口吸入,然后从鳃裂流出,从而进行气体交换。所以,鲨鱼如果不游动就会窒息而亡。

那么,是不是所有的鲨鱼都需要一直游动才能呼吸呢?其实也不是。

其实,鲨鱼鳃对水中氧气的吸收率很高,需要不断游动才能供氧的种类并不多,在目前发现的400多种鲨鱼中,需要一直游动的也仅占一小部分。但是由于这一小部分里面有我们常见的大白鲨、鲸鲨和灰鲭鲨等著名的种类,所以才被夸大到所有鲨鱼都需要一直游动才能呼吸。

有很多鲨鱼就不需要一直游动,比如:灰三齿鲨在静止不动时可以利用负压从嘴巴进水,再送入鳃中完成呼吸;白斑星鲨能够在静止情况下通过喷水孔这种特殊呼吸孔进行呼吸。一般来说,不用游动就能呼吸的鲨鱼基本上都是底栖鲨鱼。

鱼是如何在冰层下过冬的？

在热带水域中生活的鱼一年四季都没有寒冷的困扰，它们不需要具备抗寒的能力。但是，在温带和寒带水域中生存的鱼类就不同了，它们必须度过漫长且寒冷的冬季，届时，许多水域会被冰层覆盖，外界温度低于零度，对它们来说，冬季就是一场生死存亡的考验。那么，这些地方的鱼为了过冬会做哪些准备呢？

▶ 图1 鱼

首先，是“贴秋膘”。大多数鱼在秋季会疯狂地进食，这也是在这个季节鱼容易咬钩的原因。通过疯狂地进食使鱼有了一定的能量储备，这是它们过冬的法宝之一。

其次，是改变生活环境。随着气温的降低，大多数鱼开始向底层游动，因为底层水温相对较高(夏天正好相反)，这也是秋冬季节钓鱼选择底钓的原因。

再次，是减少活动量。大多数鱼都是变温动物，它们不能像恒温动物那样自己调节体温，它们的体温会随着环境温度的变化而变化。在自然界中，大多数的变温动物都有冬眠的习性，但是鱼是个例外，它们几乎不会冬眠。为了减少体内能量的流失，鱼在冬季的活动性都非常低。

最后，是温度。在冬季，当气温低于零度时，水温一般在零度以上，再加上覆盖的冰层阻止了空气与水的热量交换，所以，水温是比较恒定的，尤其是底层的水，温度一般会始终维持在4 ℃左右。

因此，在冰层下过冬的鱼一般是在4 ℃左右的底层水域中静止或者缓慢活动，此时，鱼的身体温度也降低到了4 ℃左右，体内的体液并不会结冰，再加上秋季大量的能量储备，鱼就能够安全地度过冬季。

为什么蝌蚪先长后肢再长前肢？

蝌蚪是无尾目蛙科两栖动物的幼体，身体呈圆形或椭圆形，外形似鱼；无四肢有尾，尾大而扁；头部两侧生有鳃。

蛙个体的生长发育是一个变态发育的过程，会经过受精卵、蝌蚪、幼蛙、成蛙四个阶段。在此过程中，它们要从以鳃呼吸生活于水中的幼体，在短期内变成以肺呼吸并能在陆地生活的成体。

蛙的幼体和成体区别很大，幼体必须生活在水中，以尾游泳，用鳃呼吸，主要以绿藻等植物为食。经过一段时间后，蝌蚪变态发育为幼蛙，尾部逐渐消失，四肢出现，并开始在陆地生活，食性也开始转变为以动物性食物为主。在蝌蚪变态为幼蛙的过程中，为什么会先长后肢再长前肢呢？

▶ 图1　蛙类生长发育过程示意图

首先，我们通过观察发现，随着蝌蚪不断长大，单靠尾巴游泳已不能满足它们的需要，蝌蚪先长出后肢，游泳速度会更快，等尾部逐步退化消失后，后肢就是它们主要的游泳工具，后肢的出现不仅帮助它们在水中更好游动，还为它们将来在陆地生活时支撑身体打下基础。

其次，当幼蛙离开水来到陆地上以后，主要的运动方式是跳跃，先长出后肢，会使后肢更强壮，更有利于适应陆地自然环境。

这种生长顺序恰恰就反映了蛙从水生生物向陆生生物的转变。它们先发展出适应水中游动的后肢，然后再发展出适应陆地生活的前肢，这种生长顺序有助于它们在水中和陆地上都能有效地活动，从而更好地适应环境，提高生存率。

总之，蝌蚪先长后肢再长前肢是生物进化的一种体现，是自然选择的结果，也是它们适应环境、提高生存能力的重要策略。

鸟类长骨中空，怎么造血呢？

▶ 图1　鸟类骨骼示意图

鸟类为了适应飞行的功能，它们的生理结构在减轻体重方面可以说达到了登峰造极的程度，其中一项就是鸟类的部分长骨是中空的。一提到鸟类的长骨，大家脑海中的图像可能是这样的：骨质轻薄，内部中空，有网状的骨小梁。这样的结构使得鸟的长骨既轻便又坚固。

然而，我们在学习哺乳动物长骨结构的时候知道了，哺乳动物长骨中填充有骨髓，骨髓分为两种，一种是红骨髓，具有造血功能；另一种是黄骨髓，没有造血功能。黄骨髓在某些情况下可以转化为红骨髓，具备造血功能。然而，现在我们知道鸟的长骨是中空的，那么，鸟是怎么造血的呢？

首先，鸟的长骨其实并不全都是中空的，在鸟的长骨中，部分长骨含有红骨髓（图2中的阴影部分），这些红骨髓像哺乳动物的红骨髓一样具有造血功能。这也就是为什么在吃鸡翅膀的时候，我们会看到有些长骨的里面是红色的。

岩鸽的骨骼，展示含有红细胞生成骨髓的骨头（阴影部分），包括翅膀的桡骨和尺骨，腿部的股骨和胫跗骨，胸带的叉骨和肩胛骨，骨盆的耻骨，以及尾椎。多数其他骨头（除了非常小的骨头）都是中空的。

▶ 图2　岩鸽的骨骼

其次，鸟的红细胞与哺乳动物的红细胞有所不同，鸟的红细胞具有细胞核，并且可以通过有丝分裂进行增殖。

哺乳动物的红细胞没有细胞核，呈双面凹的圆饼状，这样的形状有利于提高其携氧能力。而鸟类为了减轻体重进化为部分长骨中空，骨髓的造血功能下降，因而保留了红细胞的细胞核。这样，红细胞就可以通过有丝分裂增加数量，虽然在一定程度上牺牲了携氧能力，但不得不说这是生物进化过程中结构与功能相适应的完美平衡。

所有的鸡蛋都可以孵化出小鸡吗?

所有的鸡蛋都能孵化出小鸡吗？这可不一定。

鸡蛋又名鸡卵、鸡子，是母鸡所产的卵。它的外面有一层硬壳，内部则有气室、卵白及卵黄。从生物学角度来看，鸡蛋分为受精鸡蛋和未受精鸡蛋两种。我们在市场上购买的鸡蛋大多是由养鸡场提供的，这些鸡蛋往往是没有经过公鸡受精的，因此就不能孵化出小鸡。能孵化出小鸡的都是受精蛋，是公鸡和母鸡交配过程中，公鸡将精液排到母鸡体内与蛋黄结合后的鸡蛋。

▶ 图1　破壳而出的小鸡

那么，这两种鸡蛋如何区分呢？我们光从外表是很难区分的，得把鸡蛋拿到强光下，看鸡蛋里面的结构，有胚胎结构的就是受精鸡蛋，看不见胚胎结构的就是未受精鸡蛋。由于胚胎在蛋壳内生长需要消耗一定的营养，而这个过程会产生一些气体，所以，受精鸡蛋的气室都比较大。当然，就算是受精鸡蛋，也不一定就能孵出小鸡，因为各种原因可能会使胚胎死亡，这种蛋剥开之后有可能看到小鸡的雏形。鸡蛋为了培育新生命而储存了大量的营养，不管是受精还是未受精的鸡蛋都很好地保存了鸡蛋的营养。

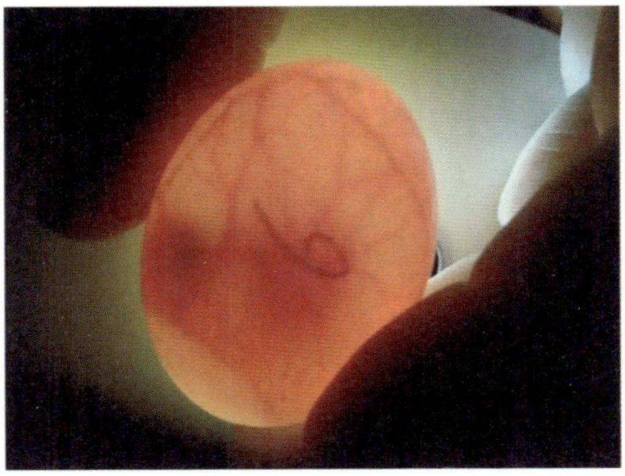

▶ 图2　强光下正在发育的受精鸡蛋

小鸡的孵化周期是21天,孵化的温度是35~38℃,一般38℃比较适宜。在农村,孵化小鸡的任务是由母鸡负责的。这时的母鸡除了吃食和排便,其他时间都在孵化小鸡。当母鸡处于孵化期时,性格比较凶悍,这时候最好不要去打扰母鸡。而现代化的养鸡场都是使用设备孵化小鸡的。孵化设备给受精的鸡蛋提供合适的温度和湿度,小鸡就能批量地孵化了。但是,不管用什么办法,我们都要遵循科学的原理,不要违背自然规律。

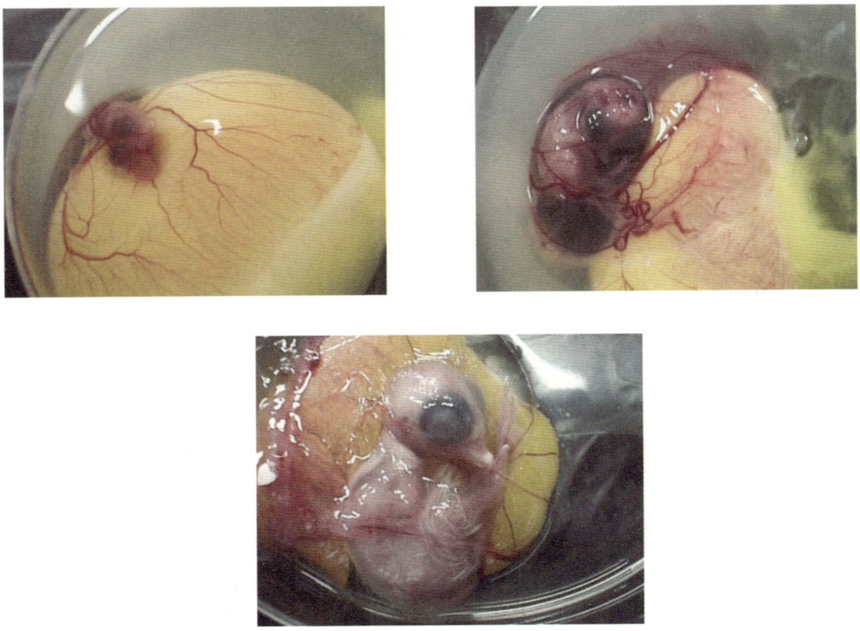

图3　不同发育时期的受精鸡蛋

啄木鸟是"森林医生"还是"森林杀手"?

当我们提及啄木鸟时,同学们脑海中浮现的往往是它辛勤地凿击树干,捕捉害虫的场景,这使得它"森林医生"的形象深入人心。然而,我们也经常听到质疑:啄木鸟在捕捉树干深处的昆虫时,会毫不留情地啄开树皮,这种行为可能会对树木造成无法挽回的伤害。所以,有的人认为啄木鸟对树木的破坏似乎超过了它对树木的保护程度,他们更倾向于称啄木鸟为"森林杀手"。那么,啄木鸟究竟是森林的守护者还是潜在的威胁者呢?

▶ 图1 啄木鸟

确实,啄木鸟在捕捉害虫时可能会对树木造成损伤,但这种损伤在多数情况下微不足道。以大斑啄木鸟为例,它们会根据食物资源的情况选择不同的取食方式。在食物资源丰富时,它们主要的取食方式为拾取,即主要捡拾枝条或者叶子表面的昆虫。在觅食压力大时,取食方式才改为凿取,在凿取时,啄木鸟更倾向于选择"生病"的树木。因为"生病"的树木一般质地疏松,有些甚至腐败中空,觅食相对容易;而健康的树木材质致密,食物较少,对啄木鸟来说投入多、产出少,并不是它们的首选。另外,在多地进行的生物防虫实验也证明,啄木鸟对林业害虫有明显的控制和防治作用。因此,尽管存在一些争议,但啄木鸟对森林健康的贡献不容忽视。

在繁殖季节,啄木鸟会选择胸径比较大的树木凿洞筑巢,这看似对树木造成了较大的伤害,但是,这种行为通常不会导致树木死亡。事实上,啄木鸟更倾向于选择枯木或生长状况不佳的树木作为筑巢地,这在一定程度上维护了森林生态系统的自然平衡。

另外，啄木鸟凿出的洞巢对于增加生物多样性也有促进作用。啄木鸟自己开凿树洞筑巢，属于初级洞巢鸟。作为初级洞巢鸟，啄木鸟的开凿行为为其他没有啄洞能力的鸟类，如大山雀、猫头鹰等次级洞巢鸟提供了繁殖和栖息的场所。研究显示，初级洞巢鸟数量的增加与鸟类多样性的提升呈正相关。而且，有些洞巢还成为鼯鼠、花鼠、貂等哺乳动物以及爬行动物、无脊椎动物的繁殖和栖息地，进一步丰富了森林生态系统的多样性。

▶ 图2　啄木鸟在喂食

因此，无论是从树木保护还是从生物多样性保护的角度来看，啄木鸟都是益鸟，是我们熟悉的“森林医生”。

什么是棘皮动物?

棘皮动物属于无脊椎动物中较高等的类群,现存约6 000种。现存的棘皮动物主要生活在海洋中,包括海星、海百合、海胆、海参等类群,其特点是体表粗糙,具有许多突出的刺或者棘。

▶ 图1 海胆

▶ 图2 海参

棘皮动物身体分为口面和反口面,有口的一面为口面,无口的一面为反口面。幼虫两侧对称,成虫多为五辐射对称。棘皮动物体内还有内骨骼,除海参纲的骨骼退化到几乎不可见外,其他类群的骨骼都由许多小骨片组成,起着支撑、保护的作用。骨片可随生物的生长而长大,还可形成棘和刺,突出于体表之外。

棘皮动物的代表是海星。海星,学名海盘车,由中央盘和五条腕组成,是典型的五辐射对称生物,口面向下,平坦,淡黄色,反口面向上,稍隆起,颜色鲜艳。口面中央为口,各腕腹面中央有一条伸向腕端部的步带沟,其内有两列管足,末端有吸盘。反口面近体盘中央处有肛门,各腕基部两侧各有一对生殖孔。腕末端有触手,触手下方具有一个红色眼点。在两腕之间,有一圆形多孔的筛板。

▶ 图3 海星

棘皮动物多对人类有利,但是也有一些有害。我国有40多种可食用的棘皮动物,主要包括各种海参类、海胆类等。海参的蛋白质含量高,营养丰富;海胆不仅可以食用,还可以作为科学研究的重要实验材料,但是,海胆喜欢吃海藻,常常成为海藻养殖的难题;海星的干制品可以入药。有些种类的棘皮动物含有毒素,会对人类造成危害。

海狮、海豹、海狗、海象、海牛，傻傻分不清？

这天，有几个同学在教室里争得面红耳赤，他们在讨论教材中海洋生态系统配图中的“大可爱”到底是谁？是海豹、海狮、海象、海狗，还是海牛？

大家傻傻分不清是因为它们是形态类似的海洋哺乳动物，其中海狮、海豹、海象、海狗都隶属于食肉目鳍脚亚目（鳍脚类动物），而海牛隶属于海牛目，具体分类情况如下。

海牛仅1属3种，分别是美洲海牛、亚马孙海牛和非洲海牛。它们体形较大，略像鲸，前肢进化为桨状鳍。海牛的头部圆润，眼睛很小，嘴巴很大，以海藻或其他水生植物为食，吃草时就像在卷地毯，整片整片地吃过去，有“水中除草机”的称号。不同于其他四种动物，海牛不能在陆地生活，只一直生活在水中，因此海牛的后肢退化消失，只保留了一个很小的骨盆，有一个扁平的尾鳍。

▶ 图1　海牛

海豹、海狮、海狗和海象都属于鳍脚类动物，都是肉食性的，它们大多数时间生活在水中，休息和交配时才会回到陆地。这四种动物中，海象的外貌特征独特，最易于识别。

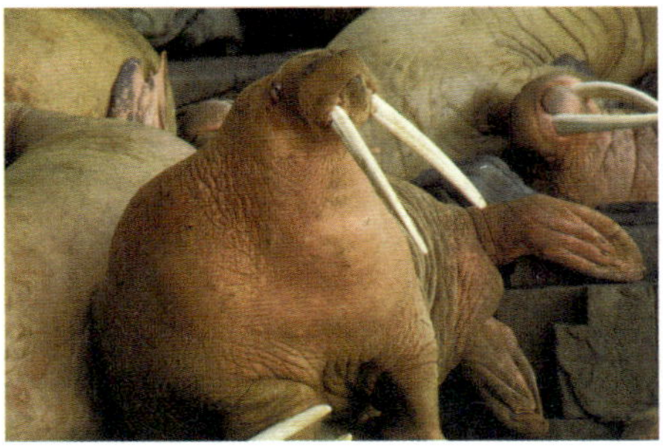
▶ 图2　海象

海象，不论雌雄，均拥有一对引人注目的“獠牙”——就是它们那与大象相似的白色犬齿，也是它们得名的缘由。海象仅1属1种，成年后的雄性海象体长最多可以达到4.5米，体重能超过3吨，而雌性海象的体长最多3.3米，体重一般在1吨左右。海象眼睛较小，视觉较差，无外耳，但听觉灵敏，嗅觉也很灵敏。四肢因适应水中生活而进化成鳍状，前肢较长，可支撑身体，后肢可向前弯曲，在陆地上匍匐前进。

▶ 图3　海豹

海豹是海豹科动物的统称，涵盖了13属共18种。海豹脑袋圆圆的，眼睛又圆又大，耳朵极小或退化，只剩两个洞，游泳时可自由开闭。四肢呈鳍状，前肢较小，不能支撑身体，游泳时用来操纵方向；后肢较大，向后延伸，游泳时用来推进划水。海豹的脚跟已退化，后肢不能向前弯曲，因此不能在陆地行走。当它在陆地上活动时，只能肚皮贴着地面，拖着身体慢慢前行，更像是在蠕动。

海狮和海狗都是海狮科的动物，海狮是海狮亚科动物的统称，海狗是海狗亚科动物的统称。跟海豹不同，海狮和海狗具有外耳壳；前肢较后肢长且宽，可以支撑身体呈直立状；后肢可朝向前方，所以能够在陆地上行走。

▶ 图4　海狮

海狮包括5属7种，由于它们的面部跟狮子有些相似，并且有的雄性海狮颈部有像狮子一样的长毛，加上它们的吼声也跟狮子类似，所以得名海狮。在动物园和水族馆里，海狮以其聪明伶俐、活泼可爱的形象深受人们喜爱。经过专业训练，它们能够掌握钻圈、顶球、用前肢站起来倒立走路等表演技艺。海狮还有着高超的潜水本领，能够代替潜水员打捞海底遗物，进行水下军事侦察和海底救生等任务。

▶ 图5　海狗

海狗包括2属共计8种，体型比海狮小些，与陆地上的狗颇有几分相似，因此得名“海狗”。尽管从外观上看，海狗的体型与海豹颇为接近，但海狗的毛发相较于海狮和海豹则更为蓬松。更值得一提的是，相较于海狮和海豹，海狗的移动速度更快，奔跑起来也更加灵活。

狗为什么要吃屎?

▶ 图1 狗

狗,是食肉目犬科,它们主要吃肉,但也吃人类的饭菜、水果、零食等,但在狗的食谱中,有一种让人很难接受的东西,那就是屎。

狗吃屎的成因比较复杂,一般情况下将这种行为视为“异食癖”的一类,狗吃屎的行为一旦出现,通常比较顽固,不易纠正,经常吃屎会影响狗的健康状况。吃屎会给狗带来很多危害,最大的危害是影响狗的生理健康。因为,屎中含有大量细菌、没有消化的食物残渣以及有潜在致病危险的病原体,狗一旦养成吃屎的恶习,它的消化道会受到伤害,具体表现为:日进食量减少,进食行为异常,排泄物异常,犬体异常消瘦等。

狗吃屎是一个让无数养狗人士头疼的问题,那这些可爱的狗到底为什么要吃屎呢?

原因可能有很多,主要有以下几种:

(1)营养:长期给狗喂狗粮,容易造成营养摄入不均衡,出现营养性行为异常。

(2)食物:食物不足或主人喂食不够,导致狗饥不择食,看到屎就会以此充饥。

(3)模仿行为:狗看到别的狗吃屎,自己也会模仿着吃。

(4)逃避惩罚:狗在家里拉了屎,为避免被主人惩罚,在拉完后会选择吃掉。

(5)消除气味:母狗在小狗排泄之后,会选择将小狗的屎吃掉以消除气味,防止被其他捕食者发现。

(6)觅食行为:狗仍然保留了其祖先在野外生存的一些行为特征,最典型的就是觅食行为。在野外环境里,狗本来就喜欢有轻微腐臭味道的食物,现在仍保留了这一行为。

除了以上这些原因之外,还有一些疾病因素也会导致狗吃屎,比如糖尿病、肠道疾病等。

针对狗吃屎的问题,我们可以采取以下措施:

(1)给狗提供多样化的食物,保证营养充足且均衡。

(2)改善饲养条件,在狗排泄后马上清理,不给狗吃屎的机会,并且奖惩结合,使狗养成良好的生活习惯。

(3)密切关注狗的健康状况,防止疾病因素导致它吃屎。

只有哺乳动物才会有哺乳行为吗?

▶ 图1 哺乳中的狗

哺乳行为历来都被认为是哺乳动物所独有的行为。与其他动物相比，哺乳动物最突出的特征是体表被毛、胎生以及其幼仔由母体乳腺分泌的乳汁喂养长大，并且亲代一般会长期抚育后代。对于幼仔而言，乳汁非常重要，因为乳汁不仅富含营养物质（如蛋白质、脂肪、糖类等），能够为幼仔生长提供营养，而且还含有免疫活性物质，能帮助幼仔抵御疾病，保证后代有更高的成活率。

除了哺乳动物以外，亲代为后代提供“乳汁”的现象是罕见的。虽然一些鸟类，也有类似哺乳的行为，但是它们没有乳腺，只能用喉咙下的嗉囊分泌的“乳汁”来喂养后代。还有一种胎生蟑螂（太平洋硕蠊），也能产生一种高蛋白的“乳汁”，但它并不会长期喂养后代。

然而，2018年11月，中国科学院西双版纳热带植物园研究员权锐昌及其博士后陈占起共同领衔的研究团队首次发现并证实了一种蜘蛛也具有“哺乳行为”，并且，这种哺乳行为在各方面都和哺乳动物的哺乳现象极其一致。这种会哺乳的蜘蛛叫大蚁蛛，属于跳蛛科蚁蛛属，它通体呈黑色，因外形酷似蚂蚁而得名。幼蛛在出生后的20天内不会离开巢穴，母大蚁蛛在这期间也不会从外面带食物回巢，可是幼蛛的体型却在这段时间里变大了约4倍。

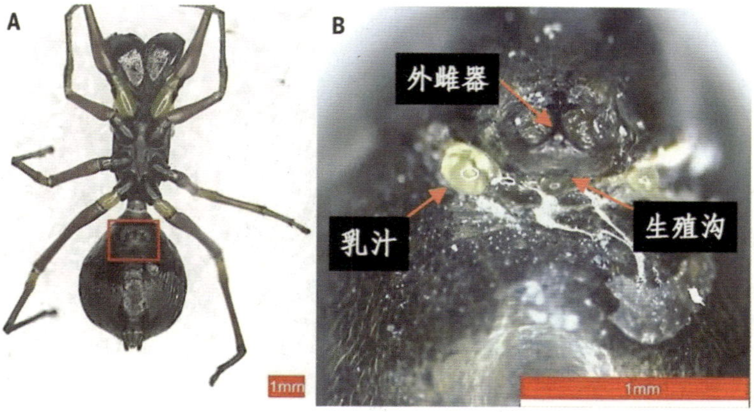

▶ 图2　雌性大蚁蛛腹部及生殖沟泌乳放大图

原来，新孵化的幼蛛会通过吸食母蛛从生殖沟分泌出的“乳汁”生长发育。之后，幼蛛既会自己外出捕猎，也会继续从母蛛那里吸食“乳汁”，大约从40日龄起，幼蛛才会完全“断奶”。但是，幼蛛断奶后并不会立即离开母蛛独自生存，而是会继续回巢生活，甚至成年之后的雌蛛也仍继续和母蛛一起生活。不过，雄蛛成年后，会被母蛛及其他雌蛛驱赶离开巢穴。

大蚁蛛会照顾成年之后的后代，这表现出了超长的亲代抚育行为。大蚁蛛的哺乳和超长亲代抚育这两项行为的发现将激发科学家重新衡量哺乳现象、哺乳行为，以及长期的亲代抚育在动物界，尤其是在无脊椎动物中的意义。

斑马是白马长了黑条纹，还是黑马长了白条纹？

▶ 图1 斑马

斑马是奇蹄目马科马属哺乳动物，因“穿”了件黑白相间的“条纹衫”而得名，它们甚至连脸、脖子和尾巴上都布满条纹。那么你有没有想过，斑马到底是白马长了黑条纹，还是黑马长了白条纹呢？

人们通常将占据面积更多的颜色视为底色，但以斑马这种情况，其黑白条纹的面积几乎相当，这就造成了一定的辨识困难。

或许，我们从斑马的亲戚——斑驴（已经灭绝）身上可以找到一些线索。斑驴，又叫半身斑马，可能代表了斑马的早期形象。斑驴只有头上和脖子上有白色条纹，整个身体大多数地方还是黑色的。

▶ 图2　斑驴

如果我们把斑马身上的毛全部剃掉之后，会看到它们的肤色虽然有些深浅不一，但是整体上是偏黑色的。另外，科学研究表明，斑马在胚胎发育的早期是纯黑色的，到了胚胎发育的晚期，黑色素的生成被抑制，才出现了白色的条纹。所以，斑马也可以说是长着白色条纹的黑马。

在我们人类眼里，很难区分斑马个体，因为它们看起来几乎长得一模一样。但是，世界上没有两头完全相同的斑马，斑马身上的条纹图案是它们独特的“身份证”，斑马家族中的成员，就是通过识别斑马群中的独特条纹图案来找到自己的同伴或亲属的。而且，斑马身上的条纹十分有用，可以调节斑马的体温，甚至还可以防止蚊虫叮咬。

兔子的眼睛为什么是红的?

我们常见的兔子眼睛都是红色的,但是,并不是所有兔子的眼睛都是红色的。不同品种兔子的眼睛颜色不尽相同,有黑色、红色、灰色、褐色、蓝色等,还有的兔子左右两只眼睛的颜色也不一样。

▶ 图1 不同品种兔子的眼睛颜色不同

兔子眼睛的颜色是由体内的色素决定的。含有灰色素的兔子,毛和眼睛就是灰色的;含有黑色素的兔子,毛和眼睛就是黑色的。小白兔的皮毛几乎不含色素,所以它的皮毛为白色;它的眼球表皮也不含色素,但是却有很多的毛细血管,我们看到的红色其实是它们眼球中毛细血管里的血液颜色,并不是眼球的颜色。小白兔眼睛里的毛细血管反射了外界光线,透明的眼睛就显出红色,所以小白兔的眼睛就是红色的。

生理篇

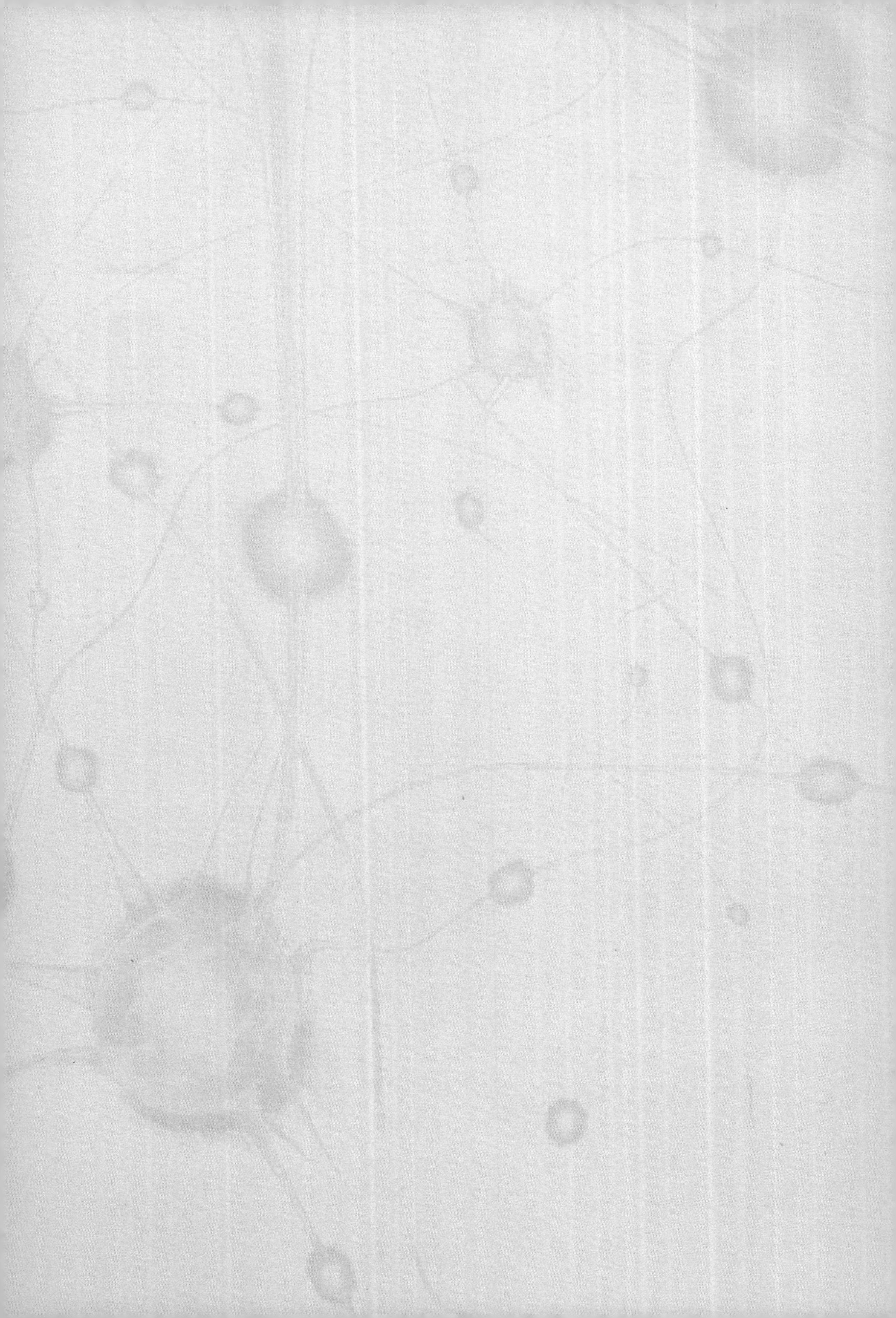

人类的双胞胎是怎么形成的?

在我们的生活中,双胞胎并不罕见,但是,我们仍会觉得双胞胎是件很奇妙的事。那么双胞胎是怎么形成的呢?

首先,我们来讲一讲人类宝宝是如何一步一步在妈妈的肚子里成形的吧!每个妈妈都必须是有生育能力的女人,通俗来讲就是指女性每个月会排卵,通常情况下,每个月排一颗卵子。

女性排出的卵子如果与男性排出的精子相遇并结合形成受精卵,受精卵在经过不断的细胞分裂和分化后逐渐变成胚胎,胚胎在妈妈的子宫里面会一天天地发生变化,慢慢长出手,慢慢长出腿。

接下来,我们再来讲双胞胎的形成。双胞胎的形成通常有两种情况,第一种情况,女性因某些原因在一个排卵周期同时排出两个卵细胞并同时分别受精,这样就产生了两个不同的受精卵。这两个受精卵各有自己的一套胎盘,相互间没有什么联系,叫作异卵双胞胎。他们在某些方面会存在一些区别,甚至性别会不同,这就是龙凤胎。在双胞胎中,异卵双胞胎比较多见,这与遗传、孕妇的年龄以及孕妇的生产次数有关。

另一种叫同卵双胞胎,这种情况下,女性在一个排卵周期内还是只排出一个卵细胞,这个卵细胞与精子结合并形成受精卵。在某些特定条件下,这个受精卵一分为二形成两个遗传信息相同的受精卵,这两个受精卵各自发育就形成两个新生儿,他们具有相同的基因。

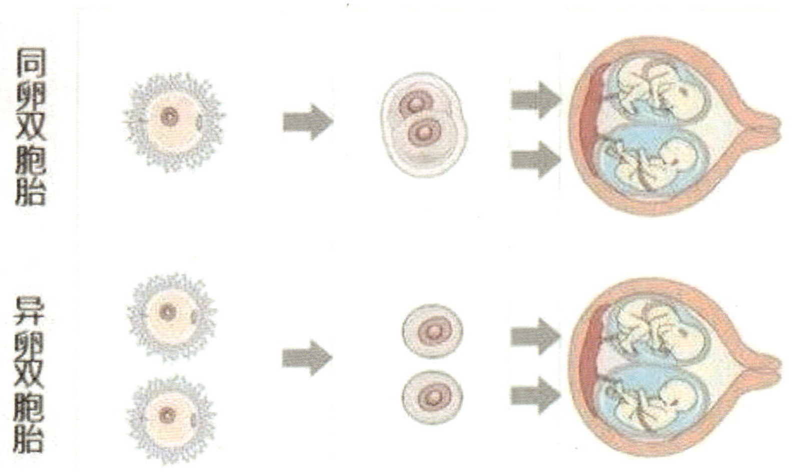

▶ 图1 两种类型的双胞胎形成示意图

而且，由于同卵双胞胎来自同一个受精卵，接受完全一样的染色体和遗传物质，因此他们的性别相同，相貌极其相似，有时甚至连他们的父母都难以分辨。这种相似不仅表现在外形上，还体现在血型、智力，甚至某些生理特征，例如对疾病的易感性等都很一致。我们见到的连体婴儿，实际上就是这种同卵双胞胎在受精卵分裂时，分裂得不完全，从而造成了某些部位相连。

一般情况下，人类生双胞胎的概率还是很小的，有家族遗传的倾向。世界上生双胞胎概率最高的国家，其概率在千分之十到千分之十五之间，而我国生双胞胎的概率在千分之五左右。但是，我们现在却感觉到双胞胎的数量越来越多，这其实是受到当前医学水平的影响。

目前，有的人由于身体原因会采用试管婴儿技术辅助生育，这在一定程度上增加了生双胞胎的概率。为了提高成功率，医生一般会多选几个卵细胞来受精培育成胚胎。如果女性的身体条件允许两个胚胎同时发育，自己又想生双胞胎，就可以让医生为她保留两个胚胎来孕育一对双胞胎。

大多数人会因为生下双胞胎而喜出望外，但从优生学的角度来说，双胞胎和多胞胎会让孕妇负担过重，甚至可能影响到孕妇和胎儿的安全。由于子宫腔和胎盘是有限的，双胞胎有可能会出现早产和先天不足，不利于孩子的健康成长和智力发育。

什么是血压？血压异常有什么危害？

血压是血液在血管内流动时，作用于血管壁的压力，是推动血液在血管内流动的动力。心室收缩，血液从心室流入动脉，此时血液对血管壁的压力最高，称为收缩压，也称高压。心室舒张，动脉血管弹性回缩，血液慢慢向前流动，血压下降，此时的血压称为舒张压，也称低压。健康的血压（标准为动脉血压值，习惯以收缩压/舒张压表示）：

（1）健康青年人在安静状态时的收缩压一般为100—120毫米汞柱（毫米汞注=133.32帕），舒张压为60—80毫米汞柱。

（2）65岁及以上老人血压＜130/80毫米汞柱，可认为其身体基本健康。

（3）成人血压＞140/90毫米汞柱，可称为高血压。

（4）成人血压＜90/60毫米汞柱，可称为低血压或低血压状态。

1.高血压的原因是什么呢？

（1）遗传因素：若上一代人患高血压的人比较多，那下一代患高血压的概率就会增大。

（2）性格因素：高血压的发病与性格急躁、易怒有关，因为激动时心跳加快，血管收缩，血压升高。

（3）膳食影响：食盐摄入过多易导致高血压。

（4）精神因素：长期处于精神紧张或常遭受精神刺激也是引起高血压的原因之一。

（5）肥胖因素：肥胖者体内血容量增多，心脏排血量大，易患高血压。

2.高血压的危害

（1）高血压可造成血管内膜增厚，血管弹性下降。

（2）高血压可造成左心室肥厚，会导致心肌功能的衰减，出现高血压、心脏病。

(3)高血压可造成眼底动脉硬化,引发视网膜病变。

(4)高血压可造成脑血管硬化狭窄,脑损害,比如脑卒中、脑出血及一过性脑缺血等。

(5)高血压可造成肾功能不全,最终导致尿毒症的发生。

3.造成低血压的原因是什么呢?

(1)可能是病人平常饮食较少,营养跟不上,造成血压偏低。

(2)生理性因素。有的人血压偏低,是生理性原因造成的。

(3)病理性的血压低。由某些疾病导致血压偏低,比如腹泻、心脏功能不好,或者是肺部疾病。

(4)体位性的血压低,比如患者平躺时或者坐下时突然站立起来造成了血压偏低。

4.低血压的危害

(1)情绪低落:低血压会导致抑郁、焦虑等负面情绪。

(2)晕厥:低血压严重时,会导致晕厥。

(3)体质下降:长期低血压会导致营养不良,并且会损害免疫系统。

(4)器官萎缩:这是由于缺血、缺氧造成的,过程很慢,且相对少见。

什么是"熊猫血"?

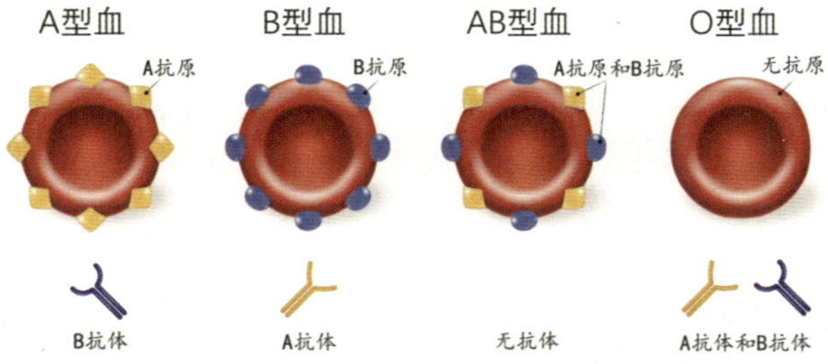

▶ 图1 ABO血型系统示意图

血型是人类的一种遗传特征,其基础是红细胞表面特定的可遗传抗原。这些抗原,我们通常称之为血型抗原,是区分不同血型的关键。根据临床检测,人类的血型系统有三十多种,其中ABO血型系统和Rh血型系统跟输血的关系最为密切。

人类的ABO血型系统主要由两种抗原决定,即A和B抗原,从而产生四种血型,即A、B、AB和O型。具体而言,A型血的红细胞表面携带A抗原;B型血的红细胞表面携带B抗原;而AB型血的红细胞表面同时携带A和B两种抗原;O型血的红细胞表面则不携带A或B抗原。

此外,血浆中还含有针对外来血细胞的A和B抗体。A型血的人血浆内含有抗B抗体,以防御B抗原的入侵;B型血的人血浆内含有抗A抗体;AB型血的人因其红细胞表面同时携带A和B抗原,所以血浆内不含有抗A型或抗B型的抗体;而O型血的人血浆内天然具有抗A型和抗B型两种抗体。

Rh血型系统,其决定因素在于红细胞表面的D抗原。如果红细胞表面携带D抗原,其血型为Rh(D)阳性,如果红细胞表面没有D抗原,其血型为Rh(D)阴性。在我国,绝大部分人都是Rh(D)阳性血型,汉族人群中Rh阴性血型的比例仅占0.3%—0.4%,这一比例极低,因此人们习惯将Rh(D)阴性血型称为"熊猫血",以凸显其稀有性。

因此,在输血时,血型匹配至关重要,若血型不相符,将会导致严重的健康问题甚至会有生命危险。

人体成熟的红细胞为何不再具有细胞核？

人体的红细胞源于骨髓造血干细胞，但是，造血干细胞并非直接分裂分化形成成熟红细胞。红细胞的成熟是一个连续发育的过程，得经历多个阶段，即造血干细胞—原始红细胞—早幼红细胞—中幼红细胞—晚幼红细胞—网织红细胞—成熟红细胞。

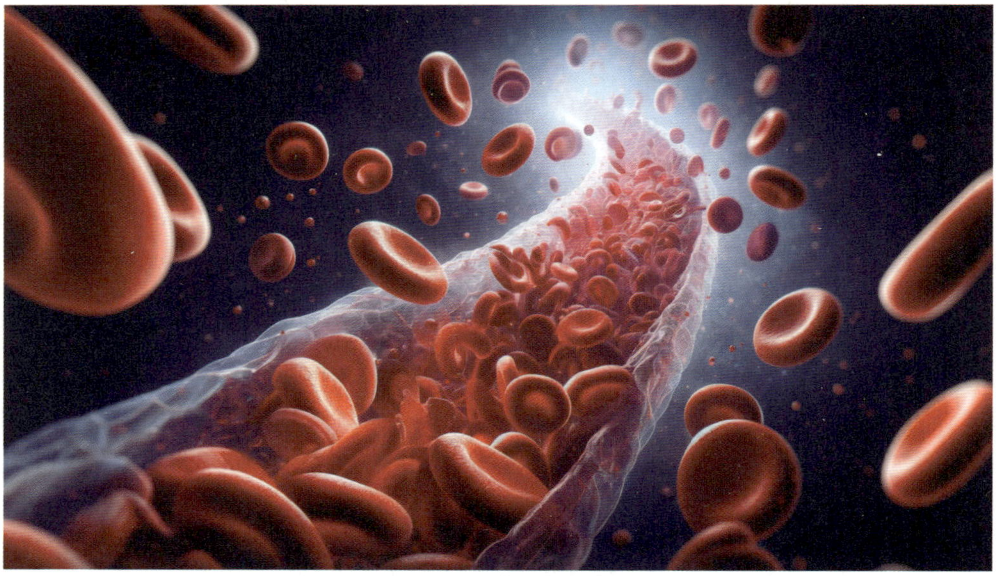

▶ 图1　红细胞示意图

在不同的发育阶段，红细胞的形态和结构会发生变化。早幼红细胞具有细胞核，但核内的核仁消失，中幼红细胞阶段血红蛋白开始合成，晚幼红细胞阶段红细胞尚有细胞核，网织红细胞阶段细胞核消失，成熟红细胞不再具有细胞核。

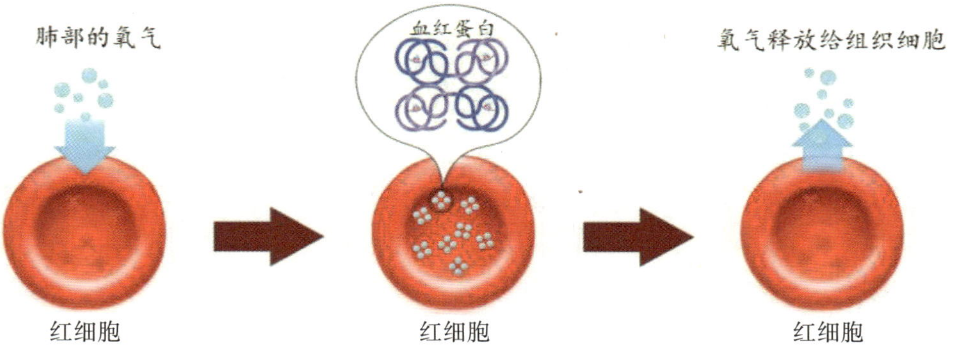

▶ 图2 人体内氧气的运输示意图

成熟红细胞的形态为两面凹的圆饼状,胞内不具有细胞核、细胞器等结构。特殊的形态结构特点是与红细胞特定的运输氧气和一小部分二氧化碳功能相适应的。两面凹的圆饼状的形态特点增加了成熟红细胞的相对表面积,从而在整体上提高了物质的运输效率。无细胞核和细胞器,可以降低红细胞自身的代谢,减少氧气的消耗,也能容纳更多的血红蛋白,提高运输氧气的效率。除此之外,特殊的形态和结构使成熟红细胞更易变形,更容易穿过细小的毛细血管。

总之,成熟红细胞的形成是环境不断选择的结果。当然,高度分化的成熟红细胞由于不具有细胞核及线粒体、核糖体等细胞器,不能够进行细胞分裂,寿命也较短,平均为120天。在生命末期,红细胞会经历老化、变形、细胞膜脆性增加等过程,进而被巨噬细胞(一种特殊的白细胞)识别和清除,因此,人体骨髓部位会不断制造红细胞补充到血液中。

血管内的血液为什么不会凝固?

维持生命的血液,犹如人体内奔腾不息的河流,沿着血管源源不断地流淌,滋养着身体里的每一个细胞,维系着人体的运行。在日常生活中的某个瞬间,当我们不慎受伤,从小伤口流出的血液会迅速凝固,形成血痂,阻止血液的进一步流失。那么,这一神奇的过程是如何发生的?血管内的血液为什么不会凝固呢?

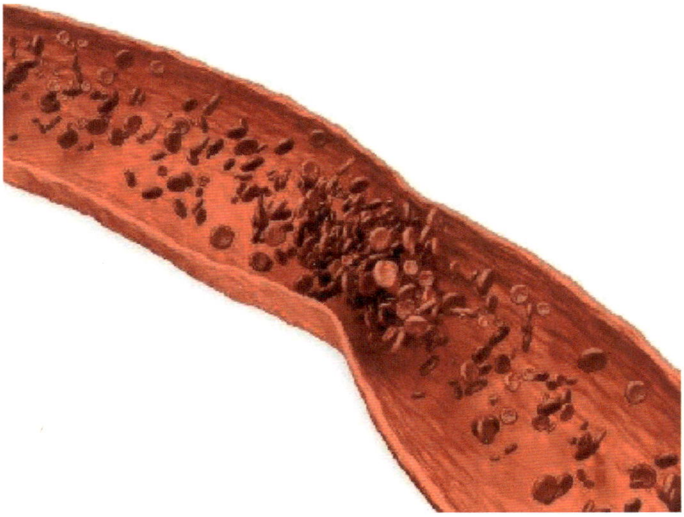

▶ 图1 血管中流动的血液示意图

血液的凝固,实际上是指血液从流动的液体状态转变为不能流动的凝胶状态的这一过程,这是生理性止血机制中的关键环节。这个过程涉及多种凝血因子,这些因子在逐级激活的过程中,最终促使血液中的纤维蛋白原转化为纤维蛋白,进而形成纤维蛋白凝块,从而实现止血功能。

参与血液凝固的因子众多,血浆和组织液中就含有十多种主要的凝血因子。在正常情况下,这些凝血因子以无活性的状态存在,使得血管内的血液能够保持流动状态而不易凝固,从而满足了正常生命活动的需求。如果深究其原因,主要有以下三点。

第一,血管的内膜光滑完整,血流速度相对较快,这导致凝血因子无法与血管壁接触而激活凝血系统。第二,肝素作为一种重要的抗凝物质,在体内广泛分布,它能够有效地抑制凝血酶原向凝血酶的转化,从而阻断纤维蛋白原向纤维蛋白转变。第三,血液中还存在纤维蛋白溶解系统,这个系统能够随时将血管内已形成的少量纤维蛋白溶解掉,确保血液的正常流动。

当血管受到损伤时,凝血因子会按照一定的程序相继激活,最终使可溶的纤维蛋白原转化为不溶的纤维蛋白,从而使血液出现凝固以实现止血。可以看出,人体内存在着抗凝系统和凝血系统,这两个系统既相互对立又相互协调,维持着动态的平衡。这样的机制使得机体在出血时能够迅速有效地止血,同时又能防止血块堵塞血流,确保血液的正常流动。

血液从血管流出后会凝固,为何装在血袋中的血液没有凝固呢?其实血液流出体外时,正常情况下2—8分钟就会凝固,然而,我们提前在血袋内装有一定量的抗凝剂,这样就能防止血液凝固。

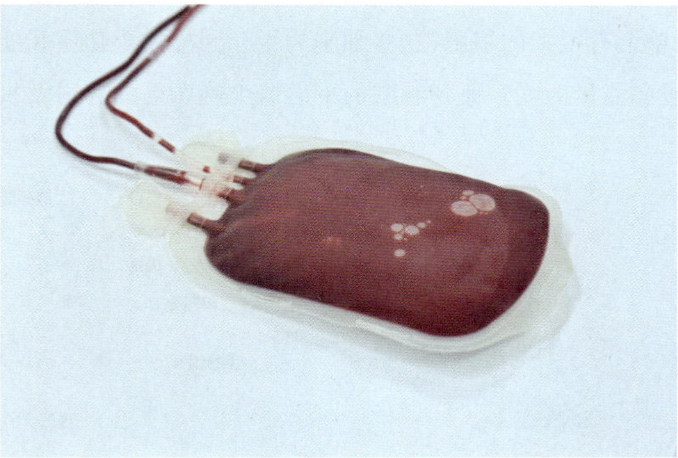

▶ 图2 血袋

血管壁上也有血管，你知道吗？

人体是一个复杂而又奇妙的有机体，除软骨、角膜、毛发上皮和牙釉质外，人体的各种组织都是“血肉相连”的。血管遍布全身，血液循环为全身的组织细胞带去养料和氧气，带走二氧化碳及其他代谢废物。血管是运输血液的器官，可分为动脉、静脉和毛细血管三种类型。由于毛细血管遍布全身，血流速度慢，管壁薄，毛细血管可与它周围的组织液及细胞进行物质交换，使细胞获得需要的物质。对于动脉和静脉而言，它们的管壁上有很多的细胞，这些细胞的生存同样需要物质和能量，那么，它们是如何获得物质和能量的呢？血管管壁的平滑肌细胞所需的养料及氧气是由血液直接提供吗？

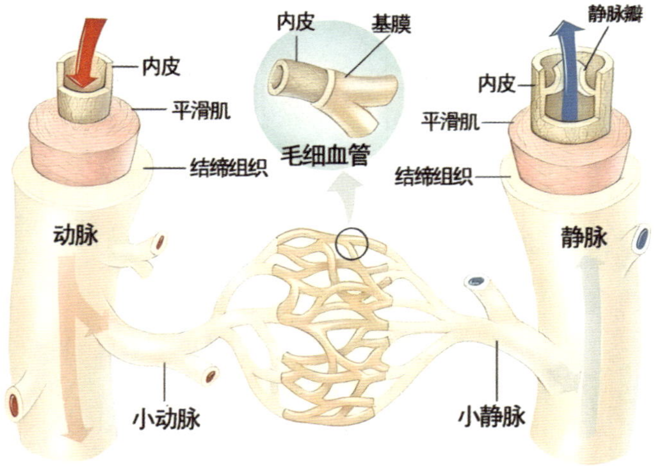

▶ 图1　血管的结构示意图

从血管的结构来看，动脉、静脉的管壁从内到外分为三层：内膜（内皮）、中膜（平滑肌）和外膜（结缔组织）。研究表明，管径在1毫米以上的动脉和静脉血管壁中，都分布有小血管，称营养血管。这些小血管进入外膜后分支成毛细血管，分布到外膜和中膜。内膜一般无血管，其营养由血管内的血液直接渗透供给。

心脏为什么会跳动?

胎儿的心脏在母亲妊娠的第三周到第四周开始形成，从第四周起，心脏就会不分昼夜地跳动了。心脏始终是我们生命的“忠实伴侣”，倘若它停止工作，我们的生命也就终止了。

实际上，心脏也不是一刻不停地跳动，它非常注意自我保护，为自己营造了劳逸结合的工作“制度”，医学上将心脏一缩一舒所需要的时间，称为一个“心动周期”，如果一个人1分钟心跳75次，则每一个心动周期约为0.8秒。正常情况下，一个心动周期的时间分配是（具体时间可能会因个体差异和生理状态有所不同）：心房和心室的收缩时间分别为0.1秒和0.3秒，而其舒张时间分别为0.7秒和0.5秒。心脏的工作方式非常巧妙，它是心房、心室交替收缩，交替休息，且休息时间大于工作时间。心脏这种规律的收缩与舒张，有效地保护了心脏，使它能够长久地工作下去。

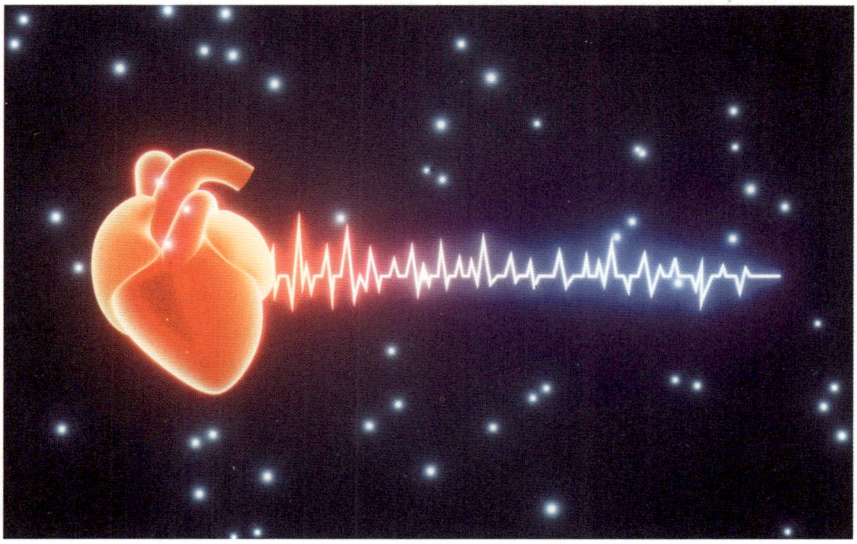

▶ 图1 跳动的心脏示意图

心脏能自主地、有节律地进行工作，除了与心肌细胞特性有关外，还应主要归功于心脏的传导系统。心脏传导系统包括窦房结、房室结、房室束、左右束支、蒲氏纤维网。心脏传导系统的基本功能就是形成电脉冲、传送电脉冲并引起心肌收缩以推进血液前进。

窦房结在上腔静脉与右心房的连接处。它由具有起搏作用的细胞构成，心脏的电脉冲就是从这里发生的。它是正常心脏的起搏点。窦房结发放电脉冲后，一方面传到左、右心房肌使之兴奋产生收缩；另一方面传到房室结，它在房间隔的右侧面下部、三尖瓣开口的上面，它接受窦房结传来的电脉冲，并将电脉冲传到心室肌。房室结既有传导电脉冲的功能，又具有使传导延搁的作用，正好使心房兴奋在心室之前，以保证心房收缩之后，血液流入心室，然后心室再兴奋收缩，同时它还具有起搏作用。

电脉冲由房室结下传后，通过房室束及其左右分支，传导到在左右心内膜下相互交织的蒲氏纤维网。蒲氏纤维网再与心肌相连，借此把电脉冲传导给心室肌，引起心室肌兴奋收缩，以便把血液排到大动脉去。可见，心脏的机械活动和心脏传导系统所产生的电活动是密切相关的，是心脏电活动指挥心脏机械活动。这就是心脏能不停顿地、有节律地工作一生的原因。正因为如此，心脏才能终身保持强大的工作能力，以最节约的方式利用能量，使血液循环永不停息，以保证正常的脑力劳动和体力劳动。

心脏虽然有其独特的生理功能和结构特点，但是心脏自身的传导系统或冠状动脉一旦发生病变，其功能就会受到不同程度的影响。例如，当冠状动脉出现问题时，心脏得不到足够的血液供应，就会影响其正常功能。

胃为什么不会消化自己？

胃是人体重要的消化器官，我们平时吃的食物首先在胃部被消化分解，然后被送到小肠和大肠，经过小肠和大肠进一步地分解吸收，食物中的营养物质就进入了人体。

一般情况下，胃消化水果需要0.5小时；消化蔬菜需要1个多小时；消化谷物需要1.5—3个小时；消化肉类需要4个小时左右。

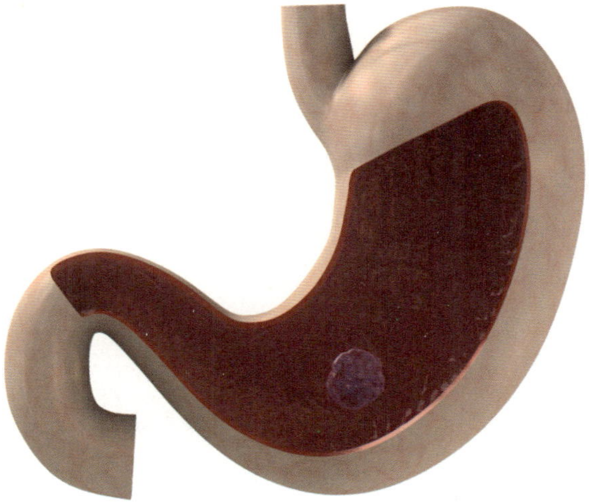

▶ 图1　胃示意图

胃之所以能够消化食物，主要是靠胃里的胃酸（即盐酸）和胃蛋白酶。胃酸是一种腐蚀性很强的物质，能够初步消化蛋白质，使我们吃进去的肉、蛋、奶和谷类、豆类等食物中的蛋白质发生变性而变得易于消化。而胃蛋白酶则可以将食物中的蛋白质转化分解成人体所需的营养物质——氨基酸。

我们不禁会问：胃既然能够消化肉，为什么不会把自己消化掉呢？而且，生物学家曾经做过这样的实验：把胃液注入其他体腔，比如胸腔、腹腔，结果发现这些体腔很快就会产生严重的炎症并坏死。

通过研究发现，胃设置了三道防线来保护自己，从而不让自己被胃液消化掉。

(1)黏液。由胃黏膜上皮细胞分泌的黏液，含大量糖蛋白，这是胃自我保护的第一道生理屏障，能够有效防止食物、胃酸和胃蛋白酶对胃黏膜的损害。

(2)胃黏膜。胃黏膜上皮层使胃酸中的氢离子不能逆行扩散进入细胞内，避免了细胞内pH值降低，从而防止酸侵害和损及细胞内部。

(3)更新。胃黏膜层的上皮细胞经常更新，老细胞不断从表面脱落，新细胞取而代之，胃黏膜层大概每隔3天就全部更新一次。所以即使胃的内壁受到侵害也可以在几小时内修复。

不过，人类是杂食性动物，每天摄入的食物可谓酸甜苦辣、冷热、荤素，种类丰富。这些食物的温度和酸碱度的变化非常大，偶尔会损坏黏液膜和胃黏膜这两道生理屏障，对胃构成很大威胁。假如由于某种缘故使黏液分泌过少，或使胃液分泌过多，那么胃本身也就会受到胃酸的“攻击”，进而开始“消化”胃本身，这就是胃溃疡出现的原因之一。

当然，胃溃疡通常是由多种因素共同作用的结果，包括胃酸过多、幽门螺杆菌感染、药物影响等，所以，我们平时应注意健康生活、合理饮食，保护自己的胃不受伤害。

心脏会休息吗?

俗话说,“生命不息,心跳不止”。人们常把“心脏停止了跳动”用以指代死亡。

心脏是较高等动物循环系统中一个由肌肉组成的中空器官,是循环系统的动力来源,其主要功能是为血液流动提供压力,把血液压至身体各个部位。人类的心脏大小和本人的拳头大小差不多,它位于胸腔中央偏左下方,在两肺之间。心脏分为左心房、左心室、右心房、右心室四个腔,左右互不相通,心房与心室之间有房室瓣,这保证了血液只能由心房流入心室。

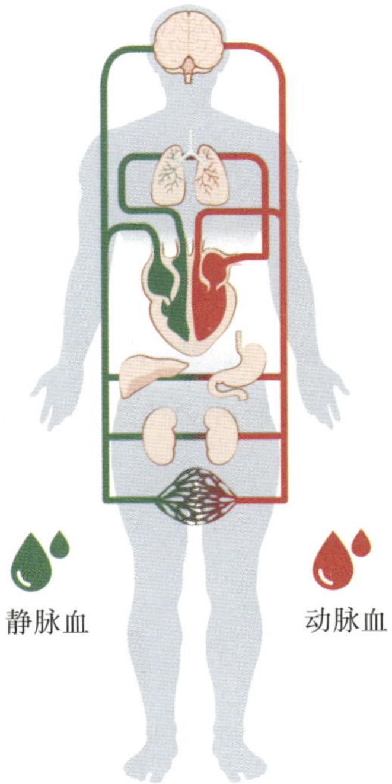

▶ 图1　血液循环示意图

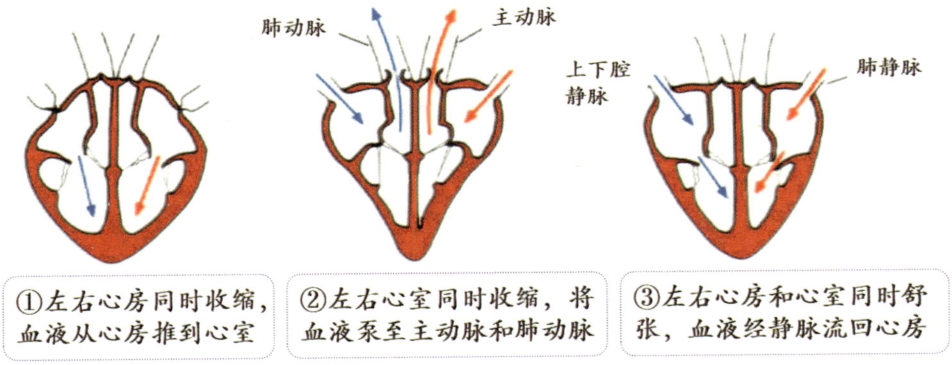

▶ 图2　心脏的工作原理示意图

在人体器官中，人们常常认为心脏是一个不会偷懒的永动机，因为，在心脏的推动下，人体的血液会昼夜不停地流动，把生命活动需要的氧气和营养物质源源不断地输送给身体的组织细胞，同时又把新陈代谢产生的二氧化碳等代谢废物运出体外。成年人在安静的情况下，平均每分钟心跳75次，那么，问题来了：心脏不用休息的吗？

其实，心脏并非只工作不休息，只不过心脏休息的时间是“见缝插针”而已。

若以每分钟心跳75次计算，则心脏跳动1次平均所需要的时间（即一个心动周期）为0.8秒。根据测定，其中心房收缩占0.1秒，舒张占0.7秒；心室收缩占0.3秒，舒张占0.5秒。

也就是说，心房工作0.1秒后，有0.7秒的休息时间，依此推算，每昼夜（24小时）心房实际只工作3小时，休息21小时，休息时间为工作时间的7倍；而心室每工作0.3秒后，有0.5秒的休息时间，依此推算，每昼夜（24小时）实际工作时间为9小时，休息时间为15小时。

由此可见，心脏是个既会工作也会休息的器官。工作和休息都有一定的规律性，这样，心脏才会持续不断地发挥“生命之泵”的作用。

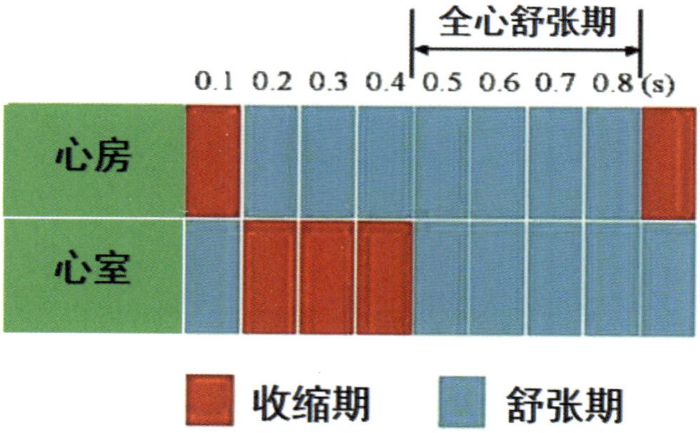

▶ 图3　心动周期示意图

骨骼这么坚硬，它是如何长成的？

在人的一生中有两个生长高峰期，一个是婴儿期，一个是青春期。在这两个生长高峰期，人的身高长得很快，而身高的增加，主要靠的就是骨骼的发育。那么，骨骼如此坚硬，它是如何生长的呢？

骨骼来源于胚胎时期的间充质（一种特殊的细胞和周围的基质组成），间充质不断骨化，形成软骨或结缔组织，因此骨骼的形成有两种方式，一种是膜内成骨，一种是软骨内成骨。

膜内成骨：是指在原始结缔组织内直接成骨，如颅骨、顶骨、枕骨等就是以这种方式形成的。其形成经过是：胚胎时期的间充质—结缔组织—骨祖细胞—成骨细胞—膜内成骨。

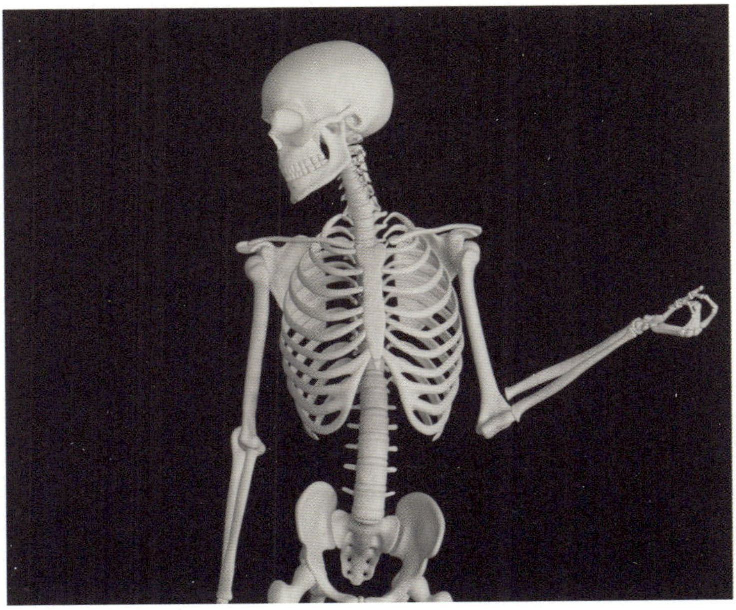

▶ 图1 人体骨骼示意图

软骨内成骨:人体内大多数的骨骼都是以这种方式成骨,这种方式是在预先形成的软骨雏形的基础上,软骨逐步替换成骨。软骨内成骨的经过是:胚胎时期的间充质—软骨雏形—骨领形成(软骨周骨化)—初级骨化中心(软骨内造骨)—次级骨化中心出现(骨骺形成)—骨干骨密质形成与改建。

骨的生长是指在膜内成骨和软骨内成骨的基础上进行的骨骼由短变长、由细变粗的过程。在骨骼的发育期,骨的纵径生长是在骨骺和干骺端之间的骺板软骨中进行的,骺板软骨中的细胞都呈纵向排列,形成软骨细胞柱,紧贴在骨骺的骨板附近的,为软骨生发细胞,该处有来自骨骺动脉的很多毛细血管襻,血液供应十分丰富,使生发细胞不断向干骺端增殖,很快变为肥大软骨细胞,随后软骨基质钙化,来自干骺端的毛细血管襻入侵,连续不断地在干骺端形成新骨,使骨增长,直至骨骺与干骺完全闭合才停止。骨的横径生长是在骨皮质外面的骨膜中进行的,骨膜深层的间叶细胞不断分化为成骨细胞,成骨细胞不断产生有机质,同时骨盐沉积,使骨不断增粗。

骨骼在发展成骨过程中不断增大,同时根据生理功能的需要,还需要不断进行改建和塑形,即骨的成形。它包括骨骺和干骺端新生骨的改建,变为松质骨和髓腔,干骺端逐步移行至骨干,骨干不断增粗,髓腔不断扩大等,最终使每根骨形成其各自独特的形态。

流泪、放屁是在排出代谢废物吗?

代谢废物是人体细胞新陈代谢的产物,必须排出体外,否则将破坏人体内环境的稳定,导致中毒。

那么,可能有人会问,流泪是为了排出体内的废物吗?眼泪是一种弱酸性、透明的无色液体,其成分比较复杂,但绝大部分是水(98.2%),并含有少量无机盐、蛋白质、溶菌酶、免疫球蛋白A等物质。眼泪由泪腺分泌,而泪腺就像一个加工厂,它能根据人体需要制造出泪水。泪腺少量地持续分泌称为泪液基础分泌,其作用是润滑眼表、营养眼表和保护眼表。泪液不断地产生,对我们的眼球进行清洁和保护,避免灰尘和微生物对眼球的侵袭和损伤。

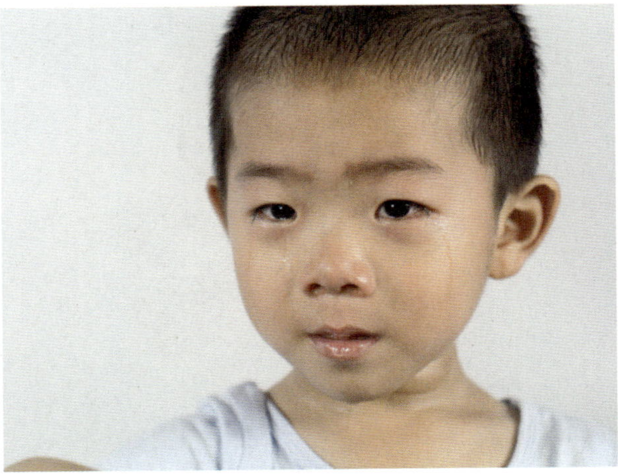

▶ 图1　流泪的小孩

泪液除了基础分泌外,还有反射性分泌和情感性分泌。比如我们切洋葱时会流泪,这就是泪液反射性分泌,对眼睛有保护作用,可稀释刺激性物质,减少对眼睛的损害。若异物或灰尘进入眼睛,大量泪液的分泌可将它们冲出,防止异物等对眼表的损伤,这些都是反射性分泌。

而我们在悲痛伤心或高兴时流泪就是泪液的情感性分泌，强烈的情感刺激会产生对人体有害的毒素，而眼泪有助于排出人体的某些毒素。人体内一个神经元与另一个神经元之间，传递兴奋要靠一种媒介——中枢递质来完成，如果这种中枢递质过多，会引起过多的神经冲动。为此，体内会产生一种相应的酶来分解过多的中枢递质，一旦中枢递质过多，分解酶又不能全部分解时，可以靠泪液的情感性分泌把它排出体外。

因此，流泪是一种正常的生理反应，并不仅仅是为了排出废物。只有在某些特殊的情况下，流泪才可以帮助眼睛排出一些废物和毒素。

我们在呼吸或吃东西时会使大量空气进入体内，空气沿着消化道下行，最后会聚集在大肠内。另外，我们吃的食物在消化道内消化的过程中，由于正常菌群的作用，也会产生较多的气体。这样一来，大肠内就充满了各种气体。据统计，这些气体有70%来自吞进的空气，还有30%是食物消化产生的气体。这些气体随肠道的蠕动运行，从肛门排出，由于肛门括约肌的作用，有时还会产生响声。所以，放屁是肠道正常运行的一种表现。屁的成分主要有氮气、氢气、二氧化碳、甲烷、氧气以及其他的一些臭味物质，比如氨气、硫化氢、粪臭素等。由此可见，放屁会放出一些废气，但都不是细胞新陈代谢的产物，严格来说并不是在排出细胞的代谢废物。

▶ 图2 放屁示意图

为什么没有肱一头肌?

“运动的结构”是生物八年级上册学习的内容，在学习这一部分内容时，同学们对肱二头肌和肱三头肌协调收缩和舒张完成屈肘、伸肘等一系列动作印象深刻，然而，很多同学都有一个疑惑，我们有肱二头肌和肱三头肌，那为什么没有肱一头肌呢?

先科普下，我们的上臂并不只有肱二头肌和肱三头肌，包绕肱骨周围的上臂肌分前、后两群。前群(屈肌群)包括肱二头肌、喙肱肌、肱肌，后群(伸肌群)包括肱三头肌和肘肌。

关于肌肉命名的原则很多，而肱二头肌和肱三头肌是以肌的起点数目来定名的。

▶ 图1　人体手臂肌肉群

由于肌肉一般附着于邻近的两块或两块以上的骨面上，跨过一个或多个关节，收缩时引起关节运动。在运动过程中比较固定的一端称为起点，活动较大的一端称为止点。

例如：肱二头肌起点有两个头，长头在外侧起自肩胛骨关节盂上方；短头在内侧起自肩胛骨喙突，两头合成一个肌腹，向下延续为扁腱，止于桡骨粗隆。

肱三头肌起点则有三个头，长头起自肩胛骨关节盂的下方，外侧头和内侧头分别起自肱骨的后面，三个头向下会合，以一个坚韧的肌腱止于尺骨鹰嘴。

所以，这种命名方法的肌肉至少有两个肌起点，因此，是没有肱一头肌的，若要勉强找一个条件符合的肌肉，就是肱肌。

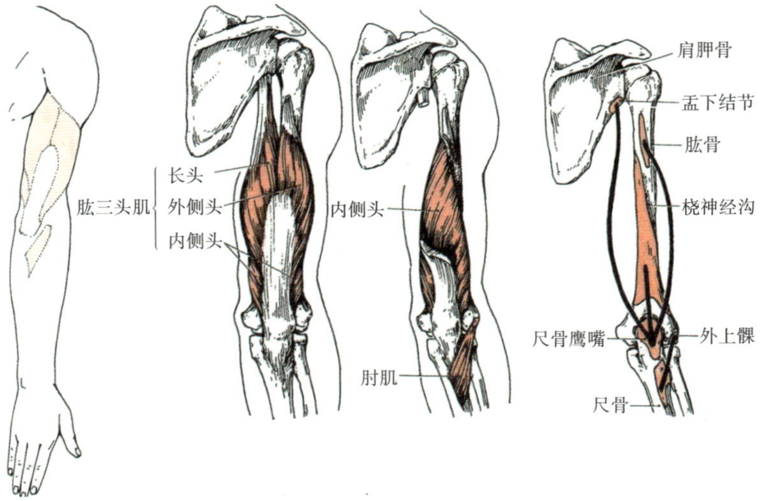

▶ 图2　肱三头肌、肘肌及其起止点示意图

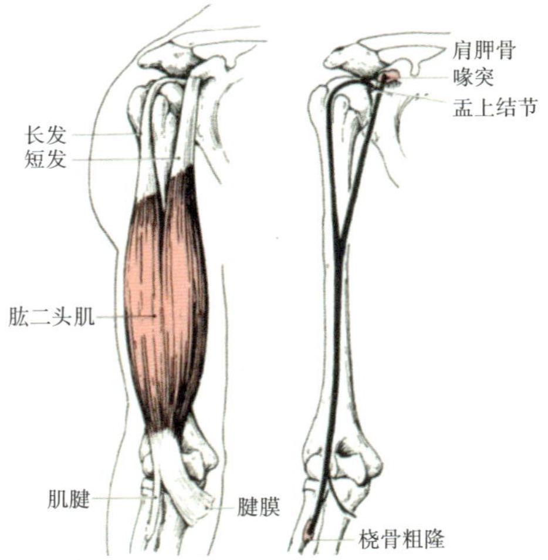

▶ 图3　肱二头肌及其起止点示意图

人体新生的细胞从何而来?

从呱呱坠地的婴儿到高大健硕的成年人,我们身体细胞的数量经历了一个惊人的增长过程,从最初的平均10^{12}个增加到平均10^{14}个。我们知道,这个庞大的细胞数量并非凭空而来,那么,它们源于何处呢?当我们的身体受到创伤时,需要新细胞来愈合伤口,那么,这些新细胞又从何处诞生呢?

我们知道,植物有分生组织,分生组织的细胞有较强的分裂能力,它们通过分裂产生新细胞,满足植物生长发育等方面的需要。人体内也有分生组织吗?答案是没有。

▶ 图1　成长示意图

人体虽无分生组织,却拥有与分生组织功能相仿的神奇细胞——干细胞(stem cell)。当前科学界普遍认为干细胞是一类未分化的,能够通过细胞分裂进行自我更新,同时又具有分化潜能的细胞。换言之,人体干细胞分裂所产生的新细胞,能够进一步分化成为具备特定功能的各种人体细胞。比如某人外伤失血,这时身体需要生产新的血细胞补充到血液,需要产生新细胞参与伤口愈合,这些新细胞就与人体干细胞的分裂和分化有关。

干细胞的种类繁多，根据其细胞分化潜能的不同，可将其分为全能干细胞、多能干细胞和单能干细胞（也称专能干细胞）三大类。全能干细胞，具备形成完整个体的分化潜能，如受精卵就是全能干细胞。多能干细胞，能够分化出多种细胞组织，通常存在于早期胚胎（原肠胚期之前）或原始性腺中，如胚胎干细胞。而专能干细胞则分布在身体的多个组织或器官中，它们只能向一种或密切相关的两种细胞类型分化，如骨髓中的造血干细胞能够产生血细胞，皮肤生发层的干细胞可以分裂分化产生新细胞补充到皮肤的表皮，而脑、肝脏、骨膜、肠壁、血管、角膜等这些器官或组织里都分布有专能干细胞。

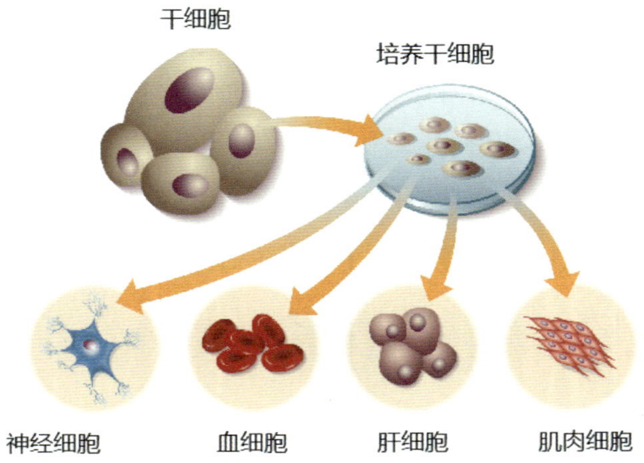

▶ 图2　干细胞分化示意图

人的生命始于受精卵的形成与分裂，胚胎干细胞随之分化发育成身体的各个组织器官。随着时间的推移，胚胎干细胞逐渐消失，而分布在组织和器官中的干细胞则承担起机体损伤修复和细胞凋亡替代等重要任务。然而，随着年龄的增长，这些干细胞的功能逐渐衰退，数量也逐渐减少，直到生命终止。

为什么手指或脚趾泡水后会起皱?

你有没有注意到当你的手或脚长时间泡在水里时，手指和脚趾会变得皱巴巴的，但是擦干水后过一阵子，就会慢慢恢复平整。这是怎么回事呢?

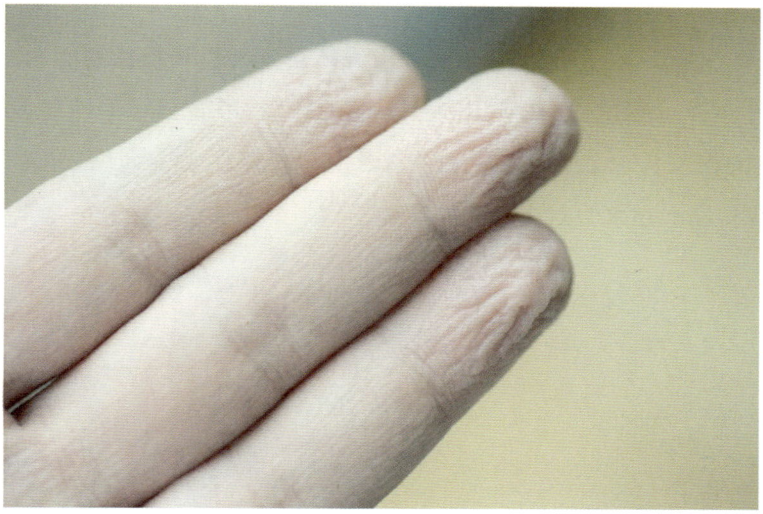

▶ 图1 起皱的手指

我们的皮肤一般分为三层结构，分别是表皮层(含角质层)、真皮层和皮下组织。表皮层的细胞会不断分裂出新的细胞，更换掉衰老的细胞，老细胞死亡后会成为皮肤表面的角质细胞。角质层细胞虽然由于新陈代谢变成了“死细胞”，但是它依然有细胞膜，依然具有让物质分子出入细胞的功能。

通常情况下，水分会从浓度较低的一侧流向浓度较高的一侧，细胞内部的渗透压要比外界渗透压高。所以，当皮肤长时间泡在水中时，由于“渗透作用”，水分就会从水溶液中渗透到皮肤的角质层细胞中，皮肤就会出现吸水的效果。但是，泡水的皮肤并非内外整体一起膨胀，而是外层细胞吸水更多，膨胀程度较大，内层细胞膨胀程度较小，内外层皮肤的吸水差异就导致了起皱现象。

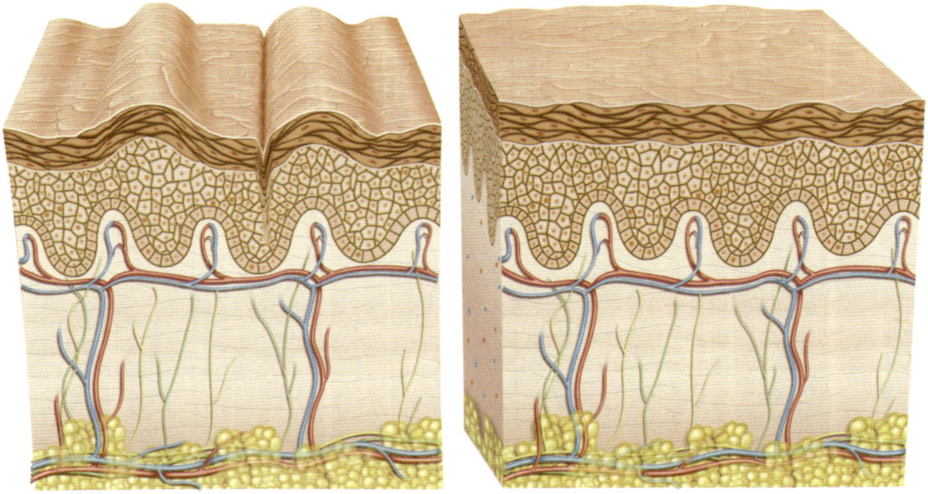

▶ 图2　皮肤起皱与平整示意图

有的科学家认为，手指起皱是一种由人体自主神经系统控制的无意识反应，就像呼吸、出汗一样。不过，长期潮湿和“泡水”的环境，可能会对手指和脚趾的皮肤造成不可逆转的损伤。比如，有的游泳运动员由于长期在水中训练，导致手上的指纹消失，这说明长期泡在水中对皮肤有一定的伤害。

耳朵可以经常掏吗？

人们掏耳朵大多是为了清理耳屎，耳屎在医学上被称作耵聍，是外耳道耵聍腺的分泌物。从理论上来讲，人是不用掏耳朵的，因为外耳道内的耵聍可借咀嚼、张口等下颌运动以薄片形式自行排出。耵聍也并非一无是处，它对外耳道皮肤有一定的保护作用，可防止霉菌等有害菌感染，并可以粘住进入耳道的灰尘等异物，而且耵聍的特殊味道还可防止小虫接近。

有不少人掏耳朵是因为外耳道瘙痒，或者干脆就是为了享受掏耳朵的感觉。无论出于何种目的，将工具深入耳道都容易造成耳道损伤。耳道皮肤比较娇嫩，如果掏耳朵用力不当，很容易造成外耳道损伤感染而成疖肿，引起耳部疼痛，严重者可致听力减退。

常掏耳朵还可能使外耳道皮肤角质层肿胀，阻塞毛囊，反而促进细菌生长，导致耳道奇痒、流黄水，使外耳道皮肤长期慢性充血，还容易刺激耵聍腺分泌，耳屎反而会更多。另外，由于耳道较深，工具深入耳道后对深浅控制稍有不当就会触及鼓膜。鼓膜是一层非常薄的膜，厚度仅有0.1毫米。一旦鼓膜被刺破穿孔，人就会失去听力。另外，如果耳朵进水或者有炎症，有可能引起肿胀，从而会导致耳朵堵塞，也会影响听力。

所以，如果有的人耵聍分泌出现问题，无法自行排出来，耳朵里的耵聍过多，引起耵聍栓塞，堵塞耳道影响听力时，才是真正需要掏耳朵的时候。即使这种情况也最好去医院请耳科医生帮忙清理耳道。医生会在耳镜的帮助下，使用甘油将耵聍软化，在不伤害耳道的情况下进行清理。

我们为什么要睡觉？睡觉是种什么状态？

根据统计，人的一生中有约三分之一的时间都在睡觉，而其中约有四分之一的睡眠时间都处于活跃的做梦状态，那么，我们为什么要睡觉？睡觉又是怎样一种状态呢？

睡眠是一种对外界环境反应降低、与环境相互作用减少的状态。所有的哺乳动物、鸟类和爬行动物似乎都需要睡眠，但是某些生活在恶劣条件中的生物可以一半大脑睡眠的同时，另一半大脑保持清醒，比如某些鸟类和海豚。

目前，科学界并没有一种公认的理论能解释睡眠的意义，最合理的两个理论为恢复理论和适应理论。前者认为睡眠是为了休息和恢复，准备再度醒来；后者认为睡眠是为了在脆弱的时候躲避危险和节省能量。

睡眠由两种状态组成，一种叫快速眼动睡眠状态，一种叫非快速眼动睡眠状态。在快速眼动睡眠状态时，大脑活动更像是醒着而不是睡眠，脑内易出现生动、详细的梦境。而在非快速眼动睡眠状态，脑内一般不会生成复杂的梦。

快速眼动睡眠是多梦的睡眠，如果在做梦时被唤醒，被唤醒者大多可以描述清晰、详细而生动的梦境，但梦境中经常有不合常理的情景。如果我们在快速眼动睡眠时进行测量，会发现大脑的耗氧量会比清醒时更高，但是骨骼肌张力完全丧失，无法动弹。在这个时候，眼睑虽然闭合，但是眼球有时会快速来回移动，总的来说，在快速眼动睡眠状态，大脑并没有休息，可以说是“活跃的大脑，瘫痪的躯体”。

在睡眠过程中，我们的大脑会反复循环于快速眼动睡眠状态和非快速眼动睡眠状态，大约每90分钟为一个周期。经过调查发现，我们进入睡眠都是从非快速眼动睡眠开始的，也就是说，如果将一个刚睡着的人唤醒，让他在1～2分钟后再次入睡，他依然会进入非快速眼动睡眠。如果长时间地剥夺快速眼动睡眠状态的时间，我们的机体会出现相应的补偿机制，在接下来一段时间的睡眠中，快速眼动睡眠周期的时间会延长。

为什么人体最灵活的肌肉是舌头?

小小的舌头,为何能被誉为人体最灵活的肌肉呢?首先,我们需要明确一点,舌头并非人体最强壮或最有力的肌肉。例如,大腿上的股四头肌,其肌肉运动单位数量达到两千,相比之下,舌头的运动单位数量仅几十到几百。显然,从力量的角度看,舌头肌肉并不占据优势。

然而,尽管舌头的力量不足,但舌头却拥有另一个显著的特点——灵活。事实上,舌头可以被认为是人体的肌肉中最灵活肌肉之一。当我们观察人体中活动最灵巧的部位,如眼睛、舌头、拇指和食指时,可以发现这些部位都拥有高度灵活的肌肉。那么,为何舌头能如此灵活呢?

首先,我们要从舌头的结构说起。舌头实际上是由舌内肌与舌外肌组成的复杂肌肉集合体,总计有8块不同的肌肉相互交织,构建了一个灵活的腔式组织,类似于某些水生生物的"肌肉性静水骨骼"。这种结构使得舌头能够在多个方向上自由活动,无论是前后、左右、上下,还是口内口外。

其次,舌头的神经控制也非常出色。在大脑的12对脑神经中,有5对会管理舌头。其中,第12对脑神经负责舌头的运动,而其他几对则负责感觉。这种高度集中的神经控制确保了舌头能够精确地执行各种复杂的动作。

最后,从功能需求来看,舌头的灵活性是其适应生存需求的结果。舌头的主要功能包括发音、咀嚼食物、辅助吞咽、味觉和感觉等。为了实现这些功能,舌头需要具备高度的灵活性,以便能够向各个方向活动,并在口腔内接触到各个部位。

所以,舌头之所以被誉为人体最灵活的肌肉,是因为其独特的结构特点、高度发达的神经控制以及多样化的功能需求。这些因素的共同作用,使得舌头能够在多个方向上自由活动,并执行各种复杂的动作。

人体八大系统里为什么没有免疫系统？

在初中生物教材中提到，人体有消化系统、运动系统、呼吸系统、循环系统、泌尿系统、神经系统、内分泌系统和生殖系统等，所以，大部分同学都觉得人体只有这八大系统。

关于人体到底有几个系统，目前是有争议的，有八大系统的说法，即初中生物教材中的八大系统（有些说法把泌尿系统和生殖系统合为泌尿生殖系统，再加上免疫系统构成人体八大系统）。也有加上免疫系统构成九大系统的说法，甚至有十一大系统的说法。但不管是哪种说法，我们都不能忽视免疫系统对人体的重要贡献。

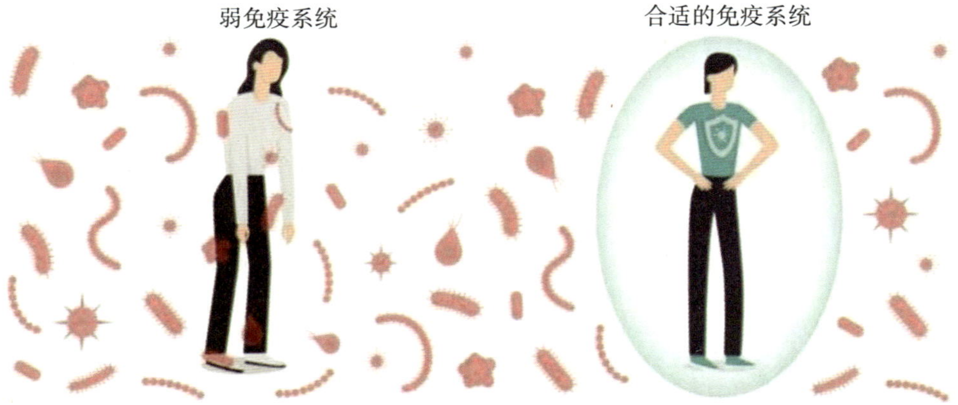

▶ 图1　免疫系统示意图

那么，为什么初中生物教材中提到的八大系统里没有免疫系统呢？主要原因是免疫系统具有复杂性和特殊性，以及免疫系统涉及多个器官和组织的协同作用。所以，免疫系统虽然对人体健康至关重要，但在生物学的分类中，它并不符合传统的系统分类标准，也就没有将它列入人体八大系统之中。

人体肠道内的细菌与人类的关系是敌是友?

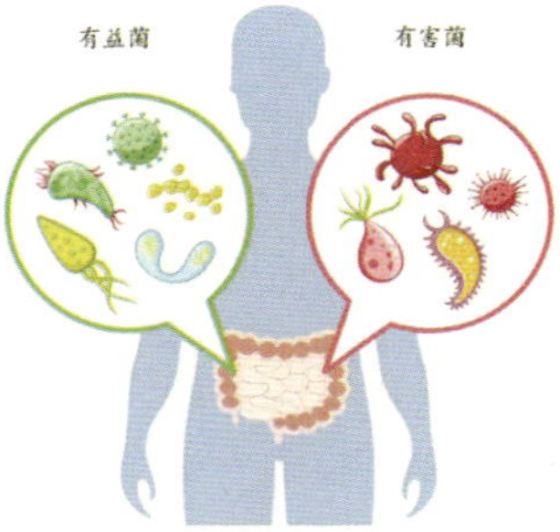

▶ 图1　人体肠道内的细菌示意图

不同物种间的关系有捕食、寄生、竞争和合作四种类型。捕食是指一种生物以另一种生物为食。寄生是指两种生物在一起生活,一方受益,另一方受害,后者给前者提供营养物质和居住场所。竞争是指两种生物生活在一起,由于争夺资源、空间等而发生斗争的现象。合作是指两种生物生活在一起,相互依存,彼此受利。其中合作关系又包括互利共栖和互利共生两种类型。共栖的双方分开后仍能独立生活,如犀牛和犀牛鸟;共生的双方分开后,则不能独立生存,如豆科植物和根瘤菌。

人体肠道独特的环境为数百万亿个细菌提供了适宜的环境,其种类有500—1 000多种。这些细菌并非都是"白吃白喝,不劳而获"的,其中约有99%以上的肠道细菌在人体中发挥着重要作用,是对人体健康有益的"好"细菌,我们称它们为益生菌,如乳酸菌、双歧杆菌等。益生菌能帮助人体消化分解食物、维持肠道菌群平衡、保护肠道黏膜屏障、提高机体免疫力、降低胆固醇水平等,它们与人体是互利共生关系。当然,肠道内也有会诱发疾病的"坏"细菌,如沙门氏菌、志贺氏菌、致病性大肠杆菌等。它们在正常情况下数量受到控制,但在某些条件下(如免疫力下降、食物污染等),便有可能在肠道内大量繁殖,引起人体发热、恶心、呕吐,这些肠道"坏"细菌与人体是寄生关系。

我们需要注意的是,大肠杆菌并非都是致病菌,多数大肠杆菌有条件致病性,它们或许从我们出生之日起就栖息在肠道内,但它们"安分守己",不伤害人体,反而能竞争性抵御致病菌的进攻,还能帮助人体合成所需的维生素B和维生素K,与人体是互利共生的关系。只有在机体免疫力降低等特殊情况下,条件致病性大肠杆菌才可能会"移居"到肠道以外的地方,造成例如胆囊、尿道、阑尾等部位感染,从而使人体患病。

其他篇

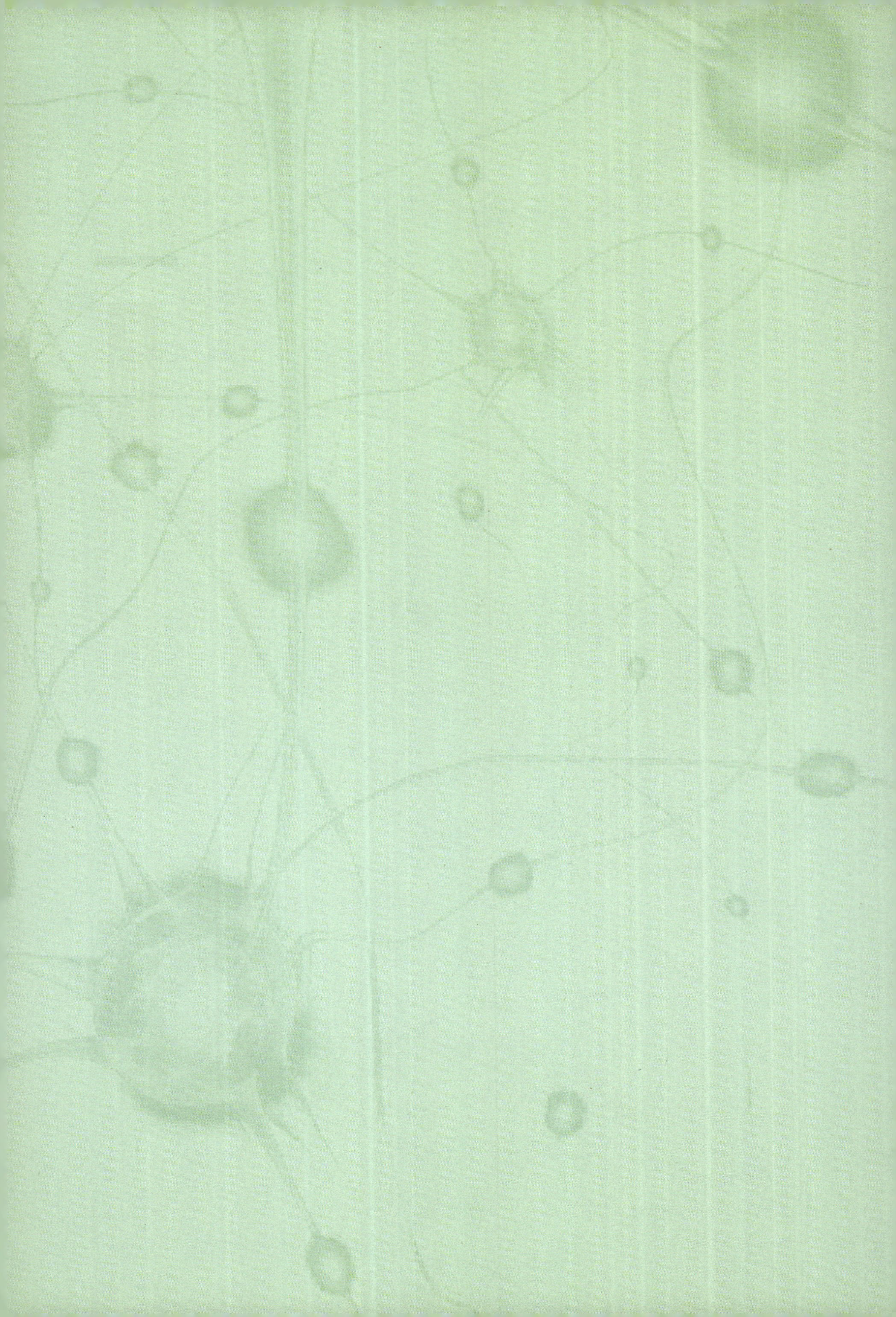

口水可以消毒、杀菌、止痒吗?

我们总是认为:手受伤后有个小伤口,或者被蚊子叮了很痒,都可以用口水涂一下就好了。口水真的有消毒杀菌和止痒的功能吗?

我们先从口水(唾液)的成分说起。唾液是一种由唾液腺分泌的消化液,无色无味,pH为6.6到7.1,其中主要成分是水,还包括淀粉酶、黏蛋白、生长因子和自由氨基酸等。另外,唾液中还存在其他具有抗菌或抗病毒特性的蛋白质,如溶菌酶和过氧化物酶。口水中含溶菌酶其实就是口水具有消毒杀菌作用的理论依据,虽然它的确有杀菌作用,但在口水中溶菌酶的含量实在很少,远远起不到对伤口进行有效消毒杀菌的作用。

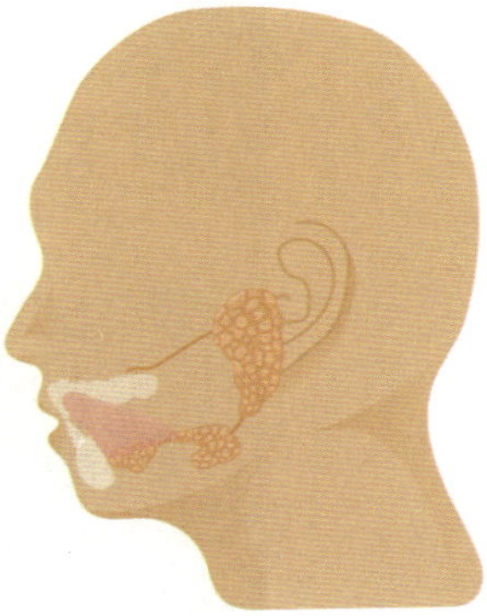

▶ 图1 唾液腺示意图

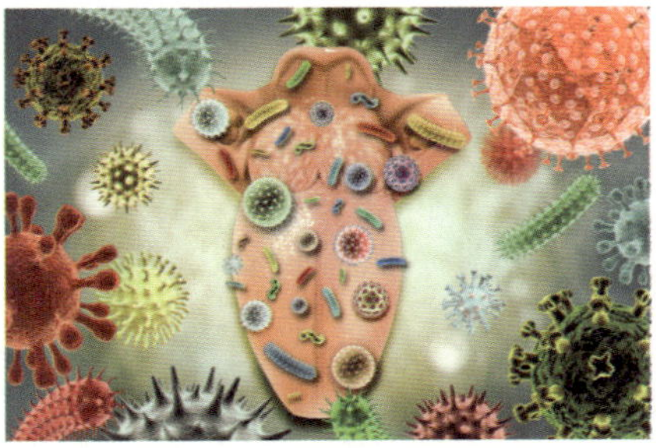

▶ 图2 口腔环境示意图

口水不仅不能起到消毒杀菌的作用,甚至可能还会起反作用。因为,口腔是我们获取食物的渠道,我们每天吃的食物会残留在口腔黏膜和牙齿缝隙中,这些食物残渣在口腔温暖潮湿的环境里成为无数微生物的养料,这就使得唾液中包含了由各种各样的细菌、真菌形成的"口腔菌群"。同时,皮肤环境和口腔环境完全不同,带有很多"口腔菌群"的口水涂在有伤口的皮肤上,就等于为感染创造了条件。因此,如果我们受伤了,轻微创伤可以用碘伏做消毒处理,如果伤口比较大,必须找专业医生处理。

口水不能消毒杀菌,那么能止痒吗?蚊子叮咬人体时,它的口器刺破皮肤,会注入唾液延缓叮咬处血液的凝固,以便它们持续吸血。蚊子的唾液会引起人体局部皮肤的过敏反应，我们的免疫系统会通过释放一些化学物质（如：组胺）来清除这些外来物，而组胺会引起皮肤瘙痒。所以，蚊虫叮咬给我们的皮肤造成了伤口，这时再用饱含“口腔菌群”的唾液去涂抹创面，不仅不会止痒，可能还会引起感染。

有的人会说，那些小动物舔自己的伤口为啥“有效”呢？实际上，小动物受了重伤后，无论怎么努力舔舐伤口，其实都没有什么用。相比于人的唾液，小动物唾液中有更多起杀菌作用的溶菌酶，但它们舔舐伤口的主要功能在于清洁。而且动物和人类的免疫能力差别很大，根本无法进行类比，如果我们看到它们痊愈了，可能不仅仅是“舔伤口”带来的。

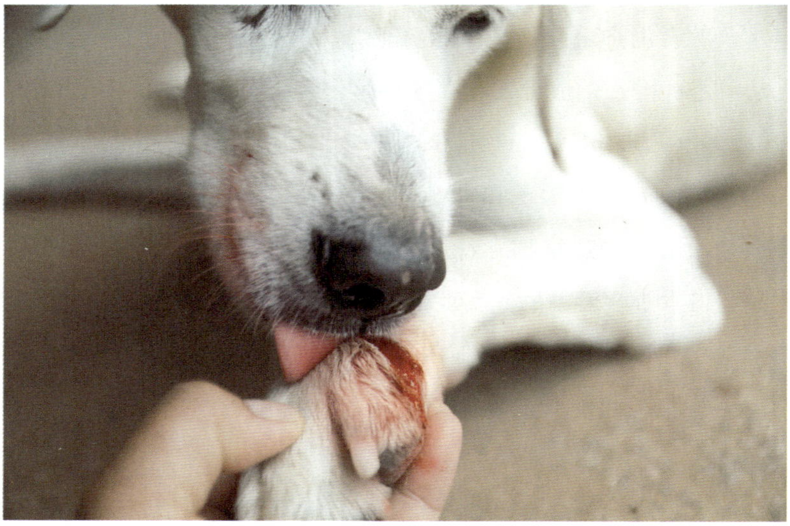

▶ 图3　舔舐伤口的狗

而且，假如你在受伤之后，伤口被猫或狗舔了，记得一定要去医院打狂犬疫苗。因为猫、狗等宠物，都有可能传播狂犬病。

总的来说，口水消毒杀菌和止痒的效果非常有限，并不能替代专业的医疗处理。只用没处理的口水来消毒杀菌，是完全不靠谱的。

方便面真的是垃圾食品吗?

▶ 图1 常见的桶装方便面

垃圾食品通常指高油、高盐、高糖且容易导致肥胖的食品。2003年以来,所谓的“世卫组织公布的十大垃圾食品名单”在国内广为流传,方便面作为方便食品的代表也被收录在该名单中。

2015年,世界卫生组织声明从未发布过所谓的“十大垃圾食品名单”。很多营养专家也指出,网络上流传的名单缺乏科学依据,这些食品本身并非“垃圾”,关键在于适量、均衡地食用。不当的烹饪方式和过量、不均衡的摄入才是影响健康的真正“垃圾”。以下是关于方便面的谣言:

(1)32小时不消化

2011年,一位美国科学家通过对比实验观察了“加工食品”与“无添加物食品”的消化情况。实验中,手工拉面在32小时后完全消化,而方便面则留有残余。然而,这一旨在研究食品消化过程的实验被误读成了“方便面32小时不消化”的谣言,进而引发健康担忧。

(2)3分钟泡面,30天解毒

这个说法主要聚焦在方便面的食品添加剂上,如谷氨酸钠、焦磷酸钠等,但是,合格方便面中的食品添加剂含量均经过了国家严格的评估与检测,在规定范围内食用并不会对健康造成威胁。

(3)方便面致癌

这种说法主要是指方便面中含丙烯酰胺。丙烯酰胺，作为世界卫生组织公认的潜在致癌物，方便面在加工过程中确实会产生丙烯酰胺，但是否会致癌，关键在于摄入量。因此，笼统地说方便面致癌这一说法并不准确。

(4)方便面的包装有毒

关于方便面塑料桶内薄膜(聚乙烯，PE)有毒的疑虑，源自对聚乙烯遇热水后的安全性的担忧。然而，有关部门对68个批次聚乙烯纸塑复合方便面碗进行了全面评估，结果显示，无论是装水还是装油脂类食物，在加热至100摄氏度时，均未发现产生有毒有害物质。

(5)所用棕榈油是品质最差的植物油

关于方便面中的棕榈油品质低下，长期摄入有害健康的这一说法，专家指出，棕榈油具有良好的煎炸和氧化稳定性，经过交叉实验发现，棕榈油与橄榄油在对人体血脂的影响上并无显著差异。棕榈油符合国际食品安全标准，是一种安全、营养的食用油脂。

在破除了这些谣言后，我们再来看看方便面有什么营养价值。

首先，我们来分析一下方便面面饼的成分，其油脂通常在10%—18%之间，蛋白质含量不超过10%，其余的就是淀粉了。一般来说，方便面中的面饼经油炸之后，维生素和矿物质含量低于原来面粉中的含量。也就是说，方便面面饼的营养价值确实低于馒头、烙饼之类的普通面食，且油脂含量要高得多。

其次，方便面通常会有2—3袋辅料包，包括液态油调味包、粉包和蔬菜包。液态油调味包如果是酱包，油脂含量通常超过50%；如果是油包，则油脂含量通常在95%以上。粉包含有大量的盐分和鲜味剂。而重量“轻如鸿毛”的脱水蔬菜或肉粒等，只能作为色彩的点缀，没有明显的营养价值。

一般来说，一袋100克的方便面，可以提供450千卡(1 884千焦耳)左右的能量；而100克馒头则只能提供360千卡(1 507千焦耳)左右的能量。

综上所述，方便面作为应急食品，可以给我们提供必需的能量。但是，如果长期以方便面作为主要食物确实会导致营养不均衡，主要表现为脂肪和钠的摄入超标及蛋白质的摄入不足。如果条件允许，你可以用煮的方式代替泡以去掉面饼中多余的脂肪，少加一些佐料，多加一个鸡蛋或者肉类，再加一点儿蔬菜，享用一份“营养方便面”。

辣是一种味觉吗?

重庆人吃辣闻名全国，重庆的各种辣味美食也受到本地人和外地人的喜爱，为什么重庆人这么爱吃辣呢？一方面，受重庆地区位置和地形的影响，这里气候潮湿，吃辣可以驱除寒气，对身体起到调节作用，久而久之形成了一种生活习惯。另一方面，吃辣会越吃越上瘾，吃辣会使人感到快乐和满足。

实际上，与糖果的甜味、橙子的酸味不一样，辣味并不是一种味道，而是一种由辣椒素引起的灼烧感。我们人类的味蕾是无法检测到辣味的，只能感受到吃辣时的灼烧感。在辛辣食物中能引起灼烧感的物质被统称为辣椒素类物质，它们是一系列具有强烈刺激性的香草基酰胺类化合物，其中最著名的就是辣椒素。

▶ 图1　干辣椒

当我们吃辣时，我们的舌头上布满辣椒素，它们与一种叫作TRPV1的重要蛋白质相互作用。这种蛋白质位于神经细胞的表面，是细胞的温度计，它可以感知周围的温度并立即通知大脑，然后大脑会通过采取适当的行动来适应温度的变化。

正常情况下，TRPV1在体温或者环境温度升高时才会被激活，比如在火源附近。然后，大脑通过实施包括释放汗液在内的各种冷却机制做出反应。

其实，辣椒素是在欺骗大脑，使大脑误以为人体正经受着巨大的热量，从而产生巨大的疼痛感。为了减轻人体的疼痛感，大脑分泌出一种叫作内啡肽的神经递质，通过抑制神经传递疼痛信号来减轻疼痛。更重要的是，大脑也同时分泌多巴胺，引起我们的满足感和愉悦感。食物越辣，疼痛感就越强烈，减轻这种疼痛的冲动就越强烈，由此产生的欣快感也就越强。

人的味觉包括酸、甜、苦、咸、鲜，从神经科学的角度来说，辣更类似于痛觉，因此辣不是一种味觉。

▶ 图2　辣椒面

蚊子会选人叮咬吗?

▶ 图1　蚊子

蚊子是双翅目蚊科小型昆虫，在全球有超过3 500种，但并不是所有种类的蚊子都要吸血，而且，即使是在需要吸血的蚊子里，叮咬人的也基本上都是雌性蚊子。为什么呢?

其实，蚊子能通过吸食植物的汁液和花蜜来维持自身生存的需要。然而，这些食物中缺乏蛋白质，无法满足雌性蚊子产卵时的营养需求，而人和动物的血液中富含蛋白质。为繁育后代，雌性蚊子不得不冒着生命危险吸食血液来获取营养。而只负责交配的雄性蚊子则基本上是素食主义者，靠吸食植物的汁液和花蜜维持生命，它们在交配后就完成了使命，完全没有必要冒生命危险去吸血。

那么，蚊子会选人叮咬吗？答案是肯定的。很多时候，蚊子吸食何种动物的血液，主要取决于这种动物的血液是否容易获得，当然有一些因素或许更能吸引蚊子。蚊子主要靠嗅觉、视觉、温度感知和湿度感知等来追踪食物，嗅觉系统是其主要的感觉系统。如果蚊子叮咬你，说明它很喜欢你散发出来的“味道”。

有的蚊子尽管离你几十米远，但它早已发现了你的踪迹，这主要依靠的就是你呼出的二氧化碳。蚊子嘴边的下颚须有着能感应二氧化碳的神经元，它能检测到低至0.005%的二氧化碳浓度波动，随后它激活视觉系统，朝着你的方向前进。成人比儿童，孕妇比普通人更容易被蚊子选中。同时，它还能通过人体新陈代谢产生的化学物质（如：乳酸、尿素等），或者衣服颜色，甚至是体表的细菌分布情况等，来进一步追踪你。

就拿气味最浓的脚来说，脚部一块指甲盖大小的皮肤上就大约有600个汗腺，它分泌出的汗液在细菌的分解下，会产生浓烈的气味。而这种气味会对蚊子产生强烈的吸引力，所以人在运动后更容易吸引蚊子。实验显示，即使是残留在袜子上的气味都能吸引蚊子。所以，如果你容易出汗，还不爱洗澡，蚊子会“爱上”你也是情理之中的事情。

另外，蚊子叮人的喜好还和人的血型有一点关系。有实验表明，O型血的人可能比其他血型的人更易吸引蚊子，但这一结论并非绝对，因为不同研究的结果可能存在差异。

怎么样会染上破伤风?

破伤风的致病菌是破伤风杆菌,是细菌的一种。细菌的分布十分广泛,有的细菌甚至需要在无氧(低氧)环境中才能存活,我们把这类细菌称为厌氧菌,在生活中我们接触得比较多的厌氧菌是乳酸菌。破伤风杆菌虽然也属于厌氧菌,更偏好无氧环境,但在有氧环境中也能存活,只是其繁殖会受限。

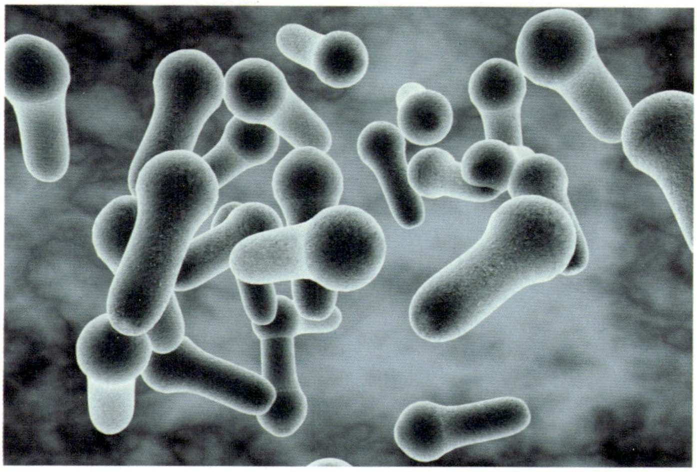

图1 破伤风杆菌示意图

细菌在不利的环境条件下会形成芽孢这一结构来保护自己,当生活条件适宜之后,会重新恢复生命活力,破伤风杆菌在有氧环境中就会以芽孢的形式存在,当环境转变为无氧之后就会恢复生命力,开始繁殖。破伤风就是由于破伤风杆菌在人体内大量繁殖而导致的。

我们经常听说被生锈的铁钉扎了需要去医院打破伤风针,这两者之间有必然联系吗? 首先,我们来看生锈的铁钉。生锈是铁氧化的过程,铁转变为铁锈的过程并不会使破伤风杆菌数量增多，而且破伤风杆菌的主要来源是土壤和空气。其次，我们来分析一下铁钉。破伤风杆菌是厌氧菌，所以在氧气充足的地方其活性是很低的，如果仅仅只是被铁钉划伤，破伤风杆菌是没办法生存的。但是，如果伤口扎得比较深，那么伤口深处就会给破伤风杆菌提供一个无氧环境。所以生锈的铁钉和破伤风杆菌感染之间最大的关系其实是铁钉造成了一个足够深的伤口，给破伤风杆菌提供了一个适宜繁殖的无氧环境。因此，不论是什么物体造成的伤口，只要伤口比较深，就有被破伤风杆菌侵染的风险。

▶ 图2 铁钉

那么，我们应该如何预防破伤风感染呢？那就是一旦出现外伤，就应该立即用乙醇等将伤口清创消毒，如果伤口比较深，还需要去医院注射破伤风抗毒素和免疫球蛋白。另外，注射常规的破伤风疫苗对于破伤风的预防也是有用的。

饮水过量会导致水中毒吗?

水是生命之源,人体每天必须补充适当的水。那我们每天合适的饮水量是多少呢?我们喝水超过多少就有可能会导致水中毒呢?

▶ 图1 水

大多数情况下,人体喝了水后会通过增加水的排出量来维持平衡。也就是说,每日水的摄入量与身体需求量会保持动态平衡。如果一次或短时间内饮水太多,身体各器官会“竭尽所能”地通过增加排尿量、排汗量、加快呼吸频率和强度来恢复机体体液成分的稳定和身体机能的正常。这时可能导致肾脏负担加大,平衡机制被打破,过多的水分无法通过尿液及时排出而引起组织间隙内存在的水分太多,从而出现水中毒症状(也叫醉水)。水中毒是脱水的另一种极端情况,将会导致低钠血症,会出现腹胀、水肿,继而出现意识模糊、癫痫发作、剧烈头疼等症状。水中毒虽然很少发生,但一旦发生,就需要立即采取行动来逆转血液稀释。

健康人体每天的排水量通常在1 450—2 800毫升(其中肾脏能排出500—1 400毫升水,皮肤汗腺排出450—900毫升水,通过呼吸由肺脏排出约350毫升水,粪便排出约150毫升水),由此可知,为保证排水量和供水量的平衡,人体每天需要摄入2 500—2 700毫升水。我们在一日三餐中通过食物摄入的水分可以达到700—1 000毫升,人体内代谢过程也会产生一些水,所以,我们每天仅需饮水7—8杯(1 500—1 700毫升)就可以满足和维持机体的正常需求。

为什么在研究动物细胞时倾向于选择口腔上皮细胞？

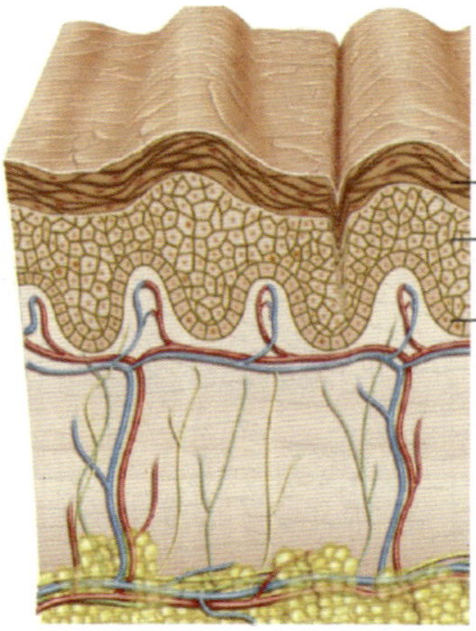

▶ 图1　皮肤的表皮结构示意图

我们在研究动物细胞的时候，为何更倾向于选择口腔上皮细胞而非更为普遍且看似更易获取的皮肤表层细胞？这背后其实隐藏着许多生物学上的考量与细致的观察。

口腔上皮与皮肤表层都是动物重要的上皮组织，它们覆盖在身体表面，形成了一道坚实的保护屏障。这些细胞排列紧密，形态规整，不仅具有较高的机械强度，还能够执行多种生物学功能，如保护、分泌和吸收等。

上皮组织可以根据其形态和功能特点进一步细分为被覆上皮和腺上皮。而被覆上皮中，又包括单层上皮和复层上皮等多种类型，另外在形态上可分为扁平、立方、柱状。这些不同类型的上皮组织在身体的不同部位发挥着各自独特的作用。

特别是复层扁平上皮，由于其独特的结构和功能特点，广泛分布于身体表面。它们由数层至数十层的细胞组成，每层细胞都扮演着不同的角色。浅层细胞呈现扁平状，随着角质化而逐渐脱落；中间层细胞呈多角形，负责维持组织的稳定性；而基底层细胞则是矮柱状的，具有强大的分裂增生能力，能够不断补充因衰老或损伤而失去的细胞。

虽然口腔上皮和皮肤表层都属于复层扁平上皮，但它们在结构上却有着显著的差异。皮肤表层的扁平细胞富含角蛋白，随着角质化的进行，细胞核逐渐消失，细胞变得干硬。这种角质化过程增强了皮肤的机械强度，使皮肤能够抵御外界环境的侵害。然而，这种角质化也使得皮肤表层细胞的结构变得模糊，难以观察到清晰的细胞结构。

相比之下，口腔上皮的扁平细胞则不会角质化，始终保持有核状态。这使得我们在观察口腔上皮细胞时能够观察到清晰的细胞结构。此外，由于口腔上皮细胞位于口腔内部，与外界环境相对隔离，因此它们受到的机械摩擦和损伤也相对较少，细胞状态相对稳定。

综上所述，口腔上皮细胞以其非角质化、充满活力的扁平细胞形态和细胞核的存在，成为我们观察动物细胞结构的理想选择。在外力作用下，这些细胞易于剥离，从而更容易获取。因此，在探索动物细胞的奥秘时，我们更倾向于选择口腔上皮细胞而非皮肤表层细胞。

打喷嚏时为什么不能睁着眼?

每个人一生中都会打无数个喷嚏,尤其是感冒时,会接二连三地打喷嚏,打喷嚏可谓是再正常不过的生理反应了。留心观察你就会发现每个人打喷嚏的时候都是闭着眼睛的,这是为什么呢?

▶ 图1 打喷嚏的人

我们在打喷嚏的时候,为了能给鼻腔足够的压力,面部肌肉会发生变形,从眼到嘴的肌肉都会不由自主地收缩,并且向鼻梁方向靠拢,在打喷嚏的瞬间释放压力,排出鼻腔异物。当然,在此过程中,支配闭眼的眼轮匝肌会收缩,从而使眼睛闭上。如果我们睁着眼睛打喷嚏,释放的巨大压力就有可能伤害泪腺导管,甚至使视神经受损。所以,为了保护脆弱的眼睛,在长期演化过程中,我们的大脑就形成了打喷嚏闭眼的本能反应。此外,打喷嚏时,我们不由自主地闭上眼睛也是身体的一种保护机制,打喷嚏闭眼能够有效避免喷出的异物、细菌及病毒等有害病原体进入眼睛。当然,如果你在打喷嚏的时候,强行把眼睛睁开,你就会发现自己的眼睛又酸又痛还拼命流眼泪。

因此,打喷嚏时我们应该闭上眼睛,且最好要用纸巾遮住口鼻,防止将病原体通过空气传播给他人。

吃生鱼片会感染寄生虫吗?

▶ 图1　生鱼片

说到吃生鱼片，我们马上就会想到日本料理，实际上吃生鱼片的传统在我国由来已久，并非只有日本料理中才有。

相传，三国时期曹操麾下的广陵太守陈登就对生鱼片情有独钟，不过陈登所吃的生鱼片是用河鱼制作的，因此，在他体内积聚了大量的寄生虫，多亏华佗医术高超才救回了他的性命。此后，陈登忌口了一段时间，但终因抵挡不住生鱼片的诱惑，再次肆无忌惮地吃了起来，在不久后就发病而亡了。

一般来说海鱼能生吃，河鱼却不可以生吃，那这是不是说海鱼身上就没有寄生虫呢？其实也不是。海水鱼身上也有寄生虫，但是，由于海水与淡水的含盐浓度是截然不同的，所以海洋生物与淡水生物为了能够适应不同的生存环境，身体机能也是截然不同的。因此，大多数海洋生物无法在淡水环境中生存，同样，大多数淡水生物也无法在海水环境中存活。也就是说，海水鱼身上的绝大部分的寄生虫无法在人体内长期存活，而有少量海水鱼身上的寄生虫虽然能够勉强在人体内存活，但没有办法发育成熟，比如异尖线虫的第三期幼虫就是如此。

而淡水鱼之所以不可以生食，是因为人体内的渗透压与淡水中的渗透压差异较小，所以淡水寄生虫一旦进入人体后便可以长期存活。

医学上比较常见的寄生虫病是肝吸虫病，学名叫华支睾吸虫病，是由华支睾吸虫寄生于人体肝内胆管所引起的寄生虫病。我们常因食用未经煮熟含有华支睾吸虫囊蚴的淡水鱼或虾而被感染。轻度感染者可无症状，重度感染者会出现消化不良、上腹隐痛、腹泻、精神不振、肝大等症状。

所以，淡水鱼生鱼片还能吃吗？最好别吃。但是，无论是海水寄生虫，还是淡水寄生虫，充分加热煮熟都是杀灭它们的最好方法，所以只要是吃熟的鱼片，就没有感染寄生虫的风险。只要吃的不是“生”鱼片而是“熟”鱼片就没有问题了。

▶ 图2　三文鱼肉

为什么用“发霉”的豆腐做的腐乳能吃?

腐乳,也叫豆腐乳、霉豆腐等,是中国的特色传统美食。众所周知,发霉食物是不能吃的,但腐乳这种发霉食物为何能吃呢?吃了会致病吗?

▶ 图1　豆腐乳

发霉食物是否能食用,其实关键在于霉菌。不少人认为霉菌都是坏的、会致病的,但实际上,这种认识是错误的。与细菌一样,霉菌这类真菌也分“好坏”。大多数霉菌是“坏霉菌”,如:谷物、豆类及坚果类长时间放置于阴湿环境下会生出黄曲霉菌,它产生的黄曲霉毒素具有高致癌性;发霉水果内的展青霉素会危及人体神经系统、泌尿系统等。因此这些发霉食物绝不能食用。但是,有的霉菌是“好霉菌”,如腐乳制作过程中接种的毛霉,它们对人体无害,因而这类发霉食物是可食用的。

腐乳是以腐化发酵的方式做出来的。豆腐块在适宜的温度和湿度条件下,表面会长出毛霉，毛霉分泌蛋白酶和脂肪酶，将豆腐中的蛋白质分解为小分子肽和氨基酸，脂肪分解为脂肪酸和甘油，从而使豆腐块变得松软细腻。在发酵后期，过酒后加盐及各种辅料（香料、料酒、红曲等）装坛腌制、保存即可。在腐乳的制作过程，需尤其注意防止污染，加盐和料酒腌制、用水封发酵坛子等操作都能有效防御外来杂菌，只保留人工选择的“无毒菌”，从而保证食物的安全。

豆腐发酵后除了形成独特的风味外，它还具有多种对健康有益的功能，如降血脂、降血压、预防衰老、健脾养胃等。总之，适量食用豆腐乳是有益健康的。

▶ 图2　生长着毛霉的豆腐块

食物链里面为什么没有分解者？

2012年修订的人教版《义务教育教科书 生物学 七年级 上册》课本中将“食物链”定义为：“在生态系统中，不同生物之间由于吃与被吃的关系而形成的链状结构叫做食物链(food chain)。”而生态系统中的分解者，虽然与动植物遗体有密切的关系，但它们通过分解作用将有机物转化为无机物，为什么不属于食物链呢？

按照生物与生物之间的关系，可将食物链分为捕食食物链、碎屑食物链和寄生食物链。

(1)捕食食物链：指从生产者开始，以消费者结尾的食物链，如草→鼠→蛇→鹰。值得注意的是，生产者不仅仅指绿色植物，还包括蓝藻，硫细菌和硝化细菌等自养型生物，如蓝藻→浮游动物→鱼。

(2)碎屑食物链：也称腐屑食物链，通常指以生物尸体或死亡的有机物为起点，通过分解者的作用，将有机物转化为无机物的过程，如粪便→蚯蚓→其分解产物被其他生物利用。

(3)寄生食物链：指从活的生物体开始，到寄生生物的食物链，如牛→牛虻。但要注意区分的是，与捕食食物链能量流动不同，寄生食物链的能量是从较大型生物体转入较小的寄生性消费者体内的。

▶ 图1 食物链和食物网示意图

分解者与生物之间不存在直接的捕食关系，而是通过分解作用在生态系统中发挥物质循环的推动作用。所以，分解者并不属于食物链的组成部分。

单细胞生物会感觉到饱吗?

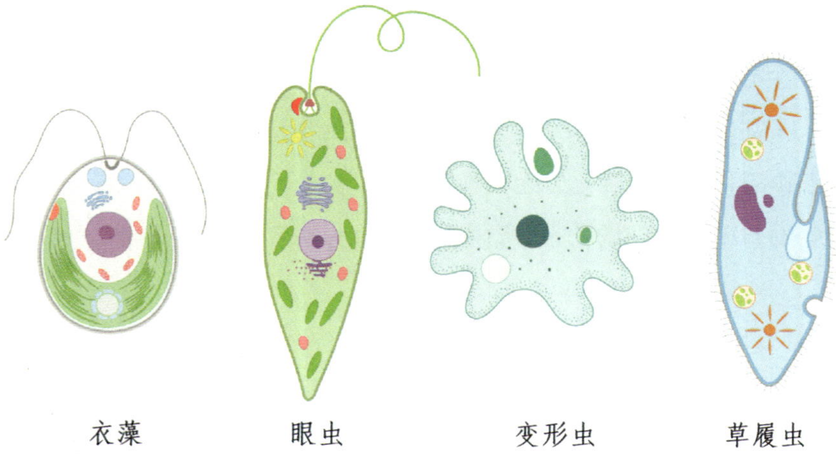

▶ 图1　常见的单细胞生物示意图

单细胞生物是由单个细胞构成的个体,可以完成进食、消化、排泄、应激等生理过程,那么单细胞生物也会像人一样吃了东西会感觉到饱吗?

单细胞生物有一般细胞的基本结构——细胞质、细胞核、细胞膜,又具有一般动物所表现的各种生活机能,如运动、消化、呼吸、排泄、感应和生殖等。但是,它没有像高等动物那样的器官、系统,而是由细胞内的不同结构来完成各种生活机能。如有些种类的单细胞生物特化出了鞭毛或纤毛来完成运动的机能。单细胞生物结构简单,机能也较简单。

吃了东西感到饱是一种感觉,这种感知过程需要神经系统的参与。在高等动物的体内存在着数量巨大、种类极为丰富的感受器。当来自机体内、外环境的各种刺激作用于感受器时,感受器会发生电位变化,进而产生神经冲动,传入中枢。感受器传入的各种信息可能会直接引起机体反应,或者经由不同的上行投射系统分别投射到大脑皮质的不同部位,经过皮质的分析和综合,产生相应的感觉。显然,各种感觉首先都是通过特殊的感受器或感觉器官接受环境中的信息,然后传入神经将信息以神经冲动方式传至中枢,最后经大脑皮质的综合分析产生感觉。因此感觉是中枢神经系统参与的感知过程。

而在动物界,原始神经系统在多细胞生物腔肠动物中开始出现,它们仅具有最简单、最原始的神经系统,即神经网,没有神经中枢。最先出现原始的中枢神经系统的动物是扁形动物,它们仅具有触觉、嗅觉和辨别明暗光线的功能。动物进化至脊索动物门,有背神经管,是脊索动物的神经中枢,这些动物有复杂的本能活动以及学习、认知和语言中枢,有大脑皮层,可以形成感觉。

然而,单细胞生物结构过于简单,没有可以产生感觉的结构基础——神经中枢,所以它们进食之后不会产生饱的感觉。

生物性别靠什么决定?

我们知道在人的体内有23对染色体,其中有1对决定了人类的性别,我们把它称为性染色体,男性体内是XY,女性体内是XX。但是,是否所有生物的性别都是由X和Y这一对性染色体决定的呢?

确实,XY型性别决定是生物界比较普遍的性别决定类型,其中就包括了很多雌雄异株的植物、昆虫、某些鱼、两栖类和所有哺乳动物。但是,生物界还有其他的性别决定方式。

(1)ZW型性别决定

ZW型性别决定和XY型性别决定刚好相反,雌性体内性染色体为ZW,雄性体内性染色体为ZZ,所以在ZW型性别决定的生物类群中,“生男生女”得看雌性。这一性别决定方式多见于鳞翅目昆虫(如蝴蝶、飞蛾)、某些两栖类、爬行类和鸟类。

▶ 图1 小鸡

(2)由染色体数目决定

蜜蜂的性别与它体内染色体的数目有关,蜂后在与雄蜂交配之后,得到的精子可以用上四五年。在这四五年间,蜂后会产生两种后代,一种是由受精卵发育而来,染色体数目为$2n$=32,性别为雌性,另一种是由卵细胞直接发育而来,染色体数目为n=16,性别为雄性。对于蜜蜂而言,受精卵可以发育成为能够正常生育的雌蜂(蜂后),也可以发育成为不育的雌蜂(工蜂),这主要是因为环境——是否喂食蜂王浆决定。

▶ 图2　蜜蜂

(3)由环境决定

海生蠕虫后螠是由环境决定性别的典型例子。这种生物雌雄体型差异巨大,雌性体型大,有5厘米长,身体像一颗豆子,口吻很长,远端分叉。雄虫体型小,生活在雌虫的子宫中,像一种寄生虫。这种生物幼虫时期在水中游动,这个时候性别为中性,如果它落在海底,就会发育成为雌虫。如果落在雌虫的吻部,就会发育成雄虫。科学家们通过研究发现,在雌虫的吻部有一种激素类化学物质,可以使幼虫改变性别。而且,如果将已经落在雌虫吻部的幼虫移走,让它在离开雌虫的情况下发育,那么它就会发育成为介于雌性与雄性之间的性别,程度是由待在雌虫吻部的时间长短决定的。

如果细胞分裂时没有均分会怎么样?

细胞分裂是细胞进行增殖的方式。细胞分裂时往往是均分的,那么自然界有没有不均分的情况呢?如果不均分,会导致怎样的后果呢?

细胞分裂的方式包括有丝分裂、减数分裂、二分裂等。有丝分裂主要发生在体细胞,染色体复制一次,分裂一次;减数分裂发生在生殖细胞,染色体复制一次,分裂两次;二分裂发生在细菌,DNA复制一次,分裂一次。

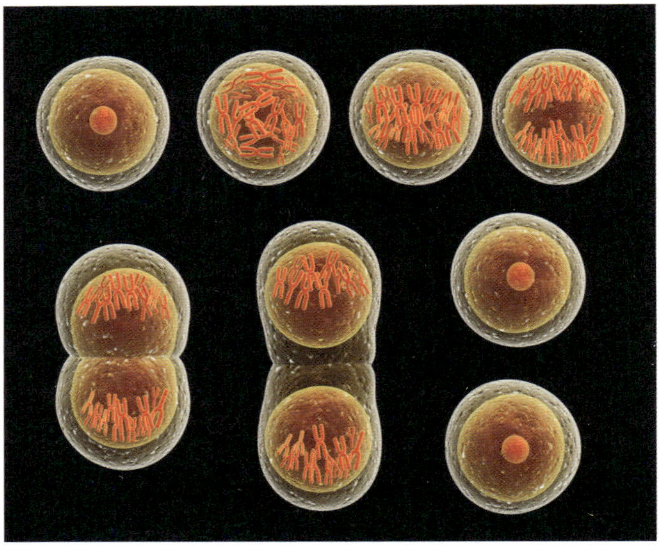

▶ 图1 细胞有丝分裂示意图

细胞分裂时染色体可能不均分。在真核细胞分裂之前,DNA会复制,蛋白质继续合成,染色体会复制,随后,染色体随着着丝粒的分裂而一分为二,由于细胞骨架等结构的存在,两份一模一样的染色体会被牵引着,均分并准确到达细胞两极。

但是,这样的分裂过程有可能会出现错误,导致染色体不能均分。这种染色体数目的变化称为染色体数目变异。染色体数目变异分为两类:

一类是细胞内个别染色体的增加或减少,如人类生殖细胞分裂时,21号染色体若复制不均分,着丝粒分裂后,两条子染色体移向细胞同一级,这样的生殖细胞受精后产生的后代,则会患上21三体综合征(唐氏综合征);另一类是细胞内染色体数目以一套完整的形态各不相同的染色体为基数,成倍地增加或成套地减少,如葡萄体内有两套染色体。在胚或者幼苗时期受某种影响,体细胞在进行有丝分裂时,染色体只复制未分离,细胞内便会有四套染色体,这样的个体称为多倍体。

染色体数目变异不一定都是消极的,如多倍体植物常常茎秆粗壮,叶子、果实、种子都比较大,因此人类会采用人工诱导多倍体的方法来获得多倍体植株,培育新品种。

细胞不均分也有可能发生在细胞质。自然界中细胞质不均分的情况很常见,很多雌性个体(如人类和其他哺乳动物)在产生生殖细胞的过程中,第一次分裂时染色体均分但细胞质不均分,形成一个大的次级卵母细胞和一个小的第一极体;第二次分裂时,次级卵母细胞依然不均分细胞质,而是形成一个卵细胞和一个第二极体,第一极体在这个阶段会均分,形成两个第二极体。人类和其他哺乳动物最后形成一个大的卵细胞和三个小的极体,随后极体会退化。

细胞质的不均分也会发生在一些特殊细胞的分裂过程中,如脊椎动物神经干细胞在分裂时会发生不均等分裂,使一部分细胞保持干细胞功能,另一部分细胞则分化形成神经元和胶质细胞。

综上所述,细胞分裂时有可能发生染色体不均分,造成染色体数目变异的后果,也有可能发生细胞质不均分,从而使子细胞有差异。

如果性染色体出现异常会怎么样?

人体内共有23对染色体,其中22对是常染色体,1对为性染色体。男性体内性染色体的组成为XY,女性体内性染色体的组成为XX,也就是说,人的性别是根据性染色体的组成而定的。

科学研究发现,人出现男女性别差异是因为在Y染色体上有一些基因,其决定了男性性征。如果在产生后代的过程中,父母双方性染色体出现异常,就可能会导致后代性染色体出现异常,其中有一类就是性染色体数目出现异常。

对于性染色体数目出现异常的个体而言,一般会表现为多一个或者少一个性染色体,这种增添或缺失往往会导致性腺发育不全,使得个体丧失生育能力。而不同的增添或缺失又会导致不同的症状。

XXY综合征(又称克兰费尔特综合征)个体的体细胞中染色体数目为47,具有22对常染色体,1对X染色体,还有1条Y染色体。这类个体外貌像男性,较一般男性高;但智力水平各异,有的患者智力较差,有的则正常;睾丸发育不全,不能看到精子形成,无生育能力;乳房似女性。

XO综合征(又称特纳综合征)个体的体细胞中染色体数目为45,包括22对常染色体和1条X染色体。患者外貌像女性,身高较一般女性矮,第二性征发育不良,卵巢完全缺失或仅存少量结缔组织,无生育能力。其婴儿时期颈部皮肤松弛,长大后常有蹼颈、肘外翻等症状,往往有先天性心脏病,智力水平各异。

参考文献

[1]人民教育出版社,课程教材研究所,生物课程教材研究开发中心.义务教育教科书 生物学 七年级 上册[M].北京:人民教育出版社,2012.

[2]人民教育出版社,课程教材研究所,生物课程教材研究开发中心.义务教育教科书 生物学 七年级 下册[M].北京:人民教育出版社,2012.

[3]人民教育出版社,课程教材研究所,生物课程教材研究开发中心.义务教育教科书 生物学 八年级 上册[M].北京:人民教育出版社,2013.

[4]人民教育出版社,课程教材研究所,生物课程教材研究开发中心.义务教育教科书 生物学 八年级 下册[M].北京:人民教育出版社,2013.

[5]人民教育出版社,课程教材研究所,生物课程教材研究开发中心.普通高中教科书 生物学 必修1(分子与细胞)[M].北京:人民教育出版社,2019.

[6]人民教育出版社,课程教材研究所,生物课程教材研究开发中心.普通高中教科书 生物学 必修2(遗传与进化)[M].北京:人民教育出版社,2019.

[7]树木秋天为什么落叶[J].天津农林科技,2005(1):10.

[8]林赛萱.银杏的开发前景及栽培技术[J].上海农业科技,2001(4):95.

[9]王娅,曹雪慧,年蕊,等.梨石细胞形成的控制因素及对果实质构影响研究进展[J].食品科学,2024,45(7):340-347.

[10]丁一,马延东,李文谦,等.不同外源物质对砀山酥梨果实中石细胞含量的影响[J].肥料与健康,2023,50(6):25-27.

[11]丁久玲,俞禄生,郑凯.空气凤梨的繁殖方法[J].中国农村小康科技,2010(11):47-50.

[12]方敏彦,章明,李佳,等.四种空气凤梨叶片表皮解剖结构与功能的关系[J].浙

江农业学报,2017,29(6):959-965.

[13]方敏彦,章明,戴丹,等.空气凤梨叶片解剖结构与抗逆相关性[J].浙江农业科学,2017,58(4):702-704.

[14] 苏云凤,岳中辉.被子植物花粉与柱头间信息传递研究进展[J].生物学教学,2017,42(7):4-5.

[15]张鸿信.树木为什么会落叶?[J].云南林业,1983(4):27.

[16]傅敦存.漫话落叶[J].内蒙古林业,1983(12):29-30.

[17]悠悠.秋天树木为什么会落叶[J].小学科技,2007(8):5.

[18]刘凌云,郑光美.普通动物学[M].4版.北京:高等教育出版社,2009.

[19]罗维桢,宋榆钧.大斑啄木鸟取食行为的研究[J].生态学杂志,1992,11(5):25-27.

[20]郭建荣.山西芦芽山国家级自然保护区黑啄木鸟的生态习性观察[J].安徽农业科学,2011,39(21):12874-12875.

[21]张仲信.利用啄木鸟防治蛀干害虫[J].中国森林病虫,1992(4):33-34.

[22]没鹿角的乔巴.蜘蛛居然会哺乳? 奶水足还是营养好?[J].中国科技教育,2019(1):68-69.

[23]陈建华.浅谈鱼类的渗透压调节[J].中学生物学,2007,23(5):7.

[24]胡俊恒,班红琴.盐度对鱼类的影响及鱼类的渗透压调节机制[J].河北渔业,2010(8):41-43.

[25]张晨捷,施兆鸿,王建钢,等.盐度影响海水硬骨鱼类渗透压调节机理的研究与展望[J].海洋渔业,2013,35(1):108-116.

[26]韩小佗.鱼只有3秒记忆吗[J].科学家,2014(12):104-105.

[27]鱼的记忆不止7秒[J].中学时代,2019(12):48.

[28]余娜,曹小欢,胡佳宝,等.鱼类学习记忆能力及其在鱼类驯化养殖中应用的研究进展[J].海洋科学,2017,41(12):155-162.

[29]程然.鲨鱼的“难言之隐”[J].百科探秘(海底世界),2023(3)28-29.

[30]本刊综合.兔子都有“红眼病”吗[J].发明与创新(高中生),2024(1)44.

[31]关于血型的知识[J].开卷有益-求医问药,2023(12):59-60.

[32]动物血型有哪些[J].发明与创新(中学生),2019(10):60.

[33]心脏跳动之谜[J].中国科技产业,1996(8):33

[34]《运动解剖学》编写组.运动解剖学[M].北京:北京体育大学出版社,2013.

[35]杨春.心脏跳动为何不知疲倦?[J].中老年保健,1999(3):40.

[36]李小英.饮食护理在胃溃疡患者护理中的应用效果[J].保健医学研究与实践,2021,18(6):134-136.

[37]柴玉兰.辣椒素膏治疗疼痛及麻木[J].新医学,1993(6):334.

[38]周梓昭,杨海弟,郑亿庆,等.60例门诊外耳道炎分泌物真菌培养结果和治疗效果分析[J].临床耳鼻咽喉头颈外科杂志,2015,29(10):899-902.

[39]左明雪.人体解剖生理学[M].3版.北京:高等教育出版社,2015.

[40]寿天德.神经生物学[M].3版.北京:高等教育出版社,2013.

[41]王叔坤.世卫组织否认发布垃圾食品名单[J].共产党员,2015(12)54.

[42]怿川.方便面真的是垃圾食品吗[J].生命与灾害,2021(8)34-35.

[43]李颖.求真相:方便面是“垃圾食品”吗[J].中国质量万里行,2016(10)22-23.

[44]江辰,於俊,罗常伟,等.基于生理舌头模型的语音可视化系统[J].中国图象图形学报,2015(9):1237-1246.

[45] 李文祥,王桂堂.洄游型、淡水型和陆封型刀鲚的寄生蠕虫群落结构[J].动物学杂志,2014,49(2):233-243.

[46]张兴华.犬唾液及唾液中的生物酶对狂犬病病毒免疫逃避和致病性影响的研究[D].呼和浩特:内蒙古大学,2023.

[47]吴昊,荣文笙.蚊子叮咬后,唾液止痒不靠谱[J].发明与创新(大科技),2021(5)53.

[48]杨涓.PCM1在神经干细胞不对称分裂调控中的作用及机制[D].武汉:华中农业大学,2018.

[49]汤波.蚊子为什么偏偏喜欢你[J].科学24小时,2020(9)32-35.

[50]祝丙华,张金树,李安全.网织红细胞检测进展及其临床应用[J].国际检验医学杂志,2010,31(2):191-193.

[51]柯为.肠道细菌与人类健康[J].微生物学通报.2007,34(3):583.

[52]张伟,崔鸿.关于“食物链”的探讨和教学建议[J].生物学教学,2013,38(10):70-71.

[53]刘祖洞,乔守怡,吴燕华,等.遗传学[M].3版.北京:高等教育出版社,2013.

后记

在《生物之问 质疑之美》的编写过程中，我们深切地感受到了同学们对生物学的热爱与对知识的渴求。每一个问题都如同璀璨的星辰，闪烁着同学们对世界的好奇心与不懈探索的精神，这无疑是我们在教育工作中最为珍贵的财富。

本书的诞生，不仅仅是对初高中生在生物学方面疑惑的解答，更是一次对科学思维方式的深刻普及。我们希望通过这本书，点燃同学们对科学的热情，培养同学们的科学素养，为同学们未来的成长之路奠定坚实的基石。

在本书的编写过程中，我们得到了学校、老师、同学及家长们的鼎力相助。他们宝贵的意见和建议如同智慧的明灯，指引着我们将本书打造得更加贴近同学们的实际需求。在此，我们对所有给予支持的人表示衷心的感激。

生物学，是片充满奥秘的广阔天地，每一个生命体都蕴藏着深不可测的智慧。我们期望通过本书，引领同学们走进这个神奇的世界，感受生命的独特魅力，一同探索科学的无尽奥秘。

最后，我们期待同学们在品读这本书的过程中，不仅能汲取知识的甘泉，更能培养对科学的敬畏之心和对未知世界的无限憧憬。愿每一位同学都能在科学的道路上勇敢前行，最终成为引领未来的科学家与创造者。

编写组

2024年5月